욕 대신 말

욕 대신 말

도원영·장선우
선평원·서한솔 지음

마리북

욕하고 싶어?
그 욕을 네가 듣게 된다면?

우리는 우연히 《욕 대신 말》을 쓰게 되었다. 어느 날, 한 다큐멘터리를 본 것이 계기가 되었다. 요즘 학생들이 욕이 아닌 다른 말을 떠올리지 못해 어쩔 수 없이 욕을 쓰기도 한다는 내용이었다. 학부모이자 교사인 우리는 격하게 공감하고, 우리가 뭐라도 해 보자는 무모한 결심을 한 것이다.

그리고 한데 모여 책의 방향성에 대해 의논하면서 우리가 실로 무모한 결심을 했다는 것을 바로 깨달았다. 국어학, 언어 교육을 전공한 우리는 평소에 올바른 언어생활을 중요하게 생각하는 사람들인지라 '욕'과는 거리가 멀었기 때문이다. 당장 우리에게는 10대 친구들이 어떤 욕을 왜 쓰는지, 그 생생한 정보가 필요했다. 우리는 열심히 관련 자료와 논문, 기사를 찾았고, 그들을 직접 만나 그야말로 살아 움직이는 욕을 마주했다. 10대들의 이야기를 들으며 어떤 마음으로 욕을 하고 어떤 상황에서 욕을 듣게 되는지, 그들에게 욕은 어떤 존재인지 알 수 있었다. 이 책에 등장하는 식빵이, 허스키, 시바견, 시츄츄는 스스럼없이 친구에게 욕하며 상처를 주고, 욕을 들으면서 상처를 받기도 하는 10대 여러분의 모습을 대변하는 친구들이다.

프롤로그에서는 준비한 질문에 답하면서 자신의 욕 생활을 면밀히 돌아볼 수 있다. 1부에서는 나는 왜 욕을 하는지, 나에게 욕은 어떤 역할을 하는지 알 수 있을 것이다. 2부에서는 욕을 듣는 사람의 심정이 어떠한지 친구의 입장에서 그 마음을 엿볼 수 있을 것이다. 3부에서는 즐거워도, 슬퍼도, 화나도, 기뻐도 욕을 하는 여러분에게 욕 대신 쓸 수 있는 멋진 언어 세상을 보여 준다. 마지막 부록에는 욕과 비속어의 뜻과 유래를 담았다. 평소에 자주 쓰는 욕의 어원을 알게 되면 아마 깜짝 놀랄 것이다.

여러분에게 한 가지 당부하고 싶은 게 있다. 우리를 '무조건 욕을 쓰지 말라'고 강요하는 어른으로 생각하지 않기를 바란다. 욕이 아니더라도 내가 하고 싶은 말, 지금 내 감정을 더욱 생생하게 표현할 수 있는 언어가 많다는 것을 여러분에게 알려 주고 싶을 뿐이다! 다만, 이 책에는 10대들이 쓰는 다양한 욕과 비속한 말이 나온다. 초등학생은 교사나 보호자의 지도하에 읽기를 권한다.

이 책이 나오기까지 참 고마운 분들이 많다. 우선 안산 신길 고등학교 친구들에게 감사하다. 자신들의 욕 생활을 정말 솔직하게 말해 준 덕분에 다양한 욕을 접하고, 어떤 상황에서 욕을 하는지 파악할 수 있었다. 화계중학교 친구들에게도 고마운 마음을 전한다. 책에 들어간 삽화에 대해 적극적인 의견을 주었다. 고려대학교 민족문화연구원 사전학센터의 연구원과 조교에게도 감사하다. 원고를 꼼꼼하게 읽으며 욕과 비속어에 대한 정보를 보충해 주었다. 이 책을 기획하고 제안해 준 마리북스에도 감사드린다. 머릿속에만 있던 아이디어를 한 권의 책에 담아 나올 수 있게 방향을 잡아 주셨다.

우리 모두 즐겁고 유쾌하게 소통하는 세상이 되었으면 한다.

2022년 10월에 저자들이 함께 씀.

차례

3부 · 욕 대신 이렇게!

언어생활에도
'자가진단'이 필요해!

혹시 친구들에게 멋져 보이려고 'ㅆ'과 'ㅈ'으로 시작하는 온 갖 거센소리, 된소리를 내뱉었던 적 있어? '이 정도면 친구들이 날 대단하게 생각하겠지?' 이런 은근한 기대를 했지만, 오히려 친구들이 너를 멀리한 적은 없었고? 내가 하는 욕은 '뭐 그럴 수 있지' 싶은데, 남이 하는 욕은 상스럽게 들렸던 적은? 아니면 이상하게 욕을 하고 나니 기분이 더 안 좋아졌던 적은?

없어? 없다고? 오! 대단해. 바르고 고운 말을 쓸 줄 아는 너!

있어? 있다고? 오! 반가워. 거친 언어를 쓰는 너!

아마 욕을 쓰지 않으려고 나름 애썼던 순간도 있었을 거야. 입을 꾹 막고 차오르는 감정을 억누르면서 말야. 욕을 안 쓰려는데 왜 적절한 말이 떠오르지 않는 걸까? 고운 말만 쓰려니 입은 근질근질, 이마에선 땀이 송글송글. 아, 못 참겠다! 결국 욕쟁이 나라로 가는 열여덟 색깔 다리를 또 건너고 말았네.

나의 욕 생활 진단해 보기

이글거리는 붉은 태양이 나를 집어삼킬 듯 뜨거운 여름날, 온몸이 땀에 절어 정신은 혼미해지고……. 이때 마신 시원한 사이다처럼 가슴 뻥 뚫리게 하는 통쾌한 욕! 스트레스를 속 시원히 날려 버리는 만병통치약 같은 욕!

그런데 희한하네? 욕을 하고 나면 속은 시원한데, 내가 전하고 싶었던 진짜 나의 감정과 이야기는 사라지고 만 느낌이야. 뭔가를 잃어버린 이 기분은 뭘까? 갑자기 허전해지는 이 기분을 너도 느껴 본 적이 있어?

욕을 언제부터 하기 시작했는지 가물가물하지만, 욕 때문에 생긴 이런저런 사연들이 너에게도 있을 거야. 그날을 떠올리면서 '욕 생활 진단 테스트'를 해 봐. 네가 욕과 어느 정도 친한지 알 수 있을 거야. 우리가 언제 욕을 하는지, 어떤 방식으로 욕을 하는지도 구체적으로 알 수 있을 테고. 친구들과 함께 해도 좋아. 쉿! 동생들에게는 비밀이야. 그럼 솔직하게 답해 보자고!

욕 생활 진단 테스트

1. 혹시 오늘 욕을 했어?

(십팔 색깔 크레파스, 식빵, 신발끈 등 욕설인 듯 욕설 아닌 욕설 같은 말을 사용하는 경우엔 스스로 판단해 봐.)

☐ 응   ☐ 아니

2. 화가 나거나 짜증날 때, 혹은 당황스럽거나 억울할 때, 또는 창피할 때 욕을 하니?

☐ 응   ☐ 아니

3. 기쁜 일이나 좋은 일이 생겼을 때, 또는 친근함을 표현하거나 장난칠 때 욕을 하니?

☐ 응   ☐ 아니

4. 다른 사람이 욕을 하니까, 또는 멋있어 보이거나 남들에게 만만하게 보이지 않으려고 욕을 한 적이 있어?

☐ 응   ☐ 아니

5. 아무 의미 없이 말끝마다 욕을 하는 편이야?

☐ 응   ☐ 아니

6. 욕을 해서 주위 사람에게 핀잔을 들은 적이 있어?

□ 응 　　　　　　 □ 아니

7. 다른 사람이 욕하는 것을 들어도 괜찮아?
(너에게 욕한 경우뿐만 아니라, 누군가가 남에게 욕하는
걸 들은 경우도 포함이야.)

□ 응 　　　　　　 □ 아니

8. 욕을 할 수밖에 없거나 욕을 들을 만한 상황이 있다고
생각해?

□ 응 　　　　　　 □ 아니

9. 욕할 때 통쾌하거나, 욕하고 나서 기분이 나아진 적이
있어?

□ 응 　　　　　　 □ 아니

10. 혹시 욕의 뜻을 알면서도 욕을 쓰는 편이니?

□ 응 　　　　　　 □ 아니

＊'응'일 때 1점씩 계산하기

'욕 생활 진단 테스트'는 해 봤어? 너는 몇 점이나 나왔니?

❄ 혹시 7점 이상 고득점자야? 와~ 놀라운데!

♥ 4~6점이야? 욕과 별로 친하지 않나 봐.

♥ 3점 이하야? 대단해! 고운 말 좀 쓸 줄 아는구나!

상황별 욕 테스트

이제 다양한 상황에서 어떻게 말하는지 한번 진단해 볼까? 방법은 간단해! 만약 네가 그 상황에 놓이면 어떤 말을 할지 최대한 비슷한 답을 골라 보는 거야. 우리 한 가지 약속하자. 솔직하게 답해 주기로. 그래야 네가 욕과 어느 정도 친한지, 어떤 언어 습관을 가지고 있는지 알 수 있거든. 그럼 시작해 볼까?

1. 길을 걷는데 새똥이 어깨에 떨어졌다면 뭐라고 말할래?

① 아이코! 새똥을 맞았네.

② 앗! 더러워. 재수 없게.

③ 아! 씨발. 졸라 짜증나네.

④ 이런, 저놈의 새가 갈빗대 순서가 바뀌고 싶나!

⑤ 이건 사십삼만 분의 일의 확률이야. 복권을 사야지.

2. 무더운 여름, 체육 시간이 끝나고 얼음물을 친구들과 나눠 마시고 있어. 그런데 친구가 혼자서 남은 물을 다 마셔 버렸네! 너는 친구에게 뭐라고 말할 거야?

① 너무하네! 같이 마셔야지. 진짜 속상하다.

② 아, 짜증나. 넌 애가 왜 그러냐!

③ 이 병신 새끼가 다 처먹었네!

④ 야! 감자밭에 묻어 줄게. 물 실컷 마시고 쑥쑥 자라 볼래?

⑤ 그렇게 목이 말랐니? 그래, 너라도 시원하니 됐다.

3. 부모가 생후 2개월 된 자녀를 방바닥에 던졌다는 사건 기사를 친구들과 읽었어. 친구들은 그 부모를 두고 '씨발놈', '개새끼', '개말종'이라며 욕을 하기 시작했어. 너는 뭐라고 말할 거야?

① 그런 끔찍한 일이 일어나다니 슬프다.

② 와, 진짜 나쁜 사람들이네. 감방에 처넣어 버려야 해.

③ 미친 새끼들이네. 존나 처맞아야 정신을 차릴 거야!

④ 저 사람들은 뇌에 우동사리가 들었나. 어떻게 저러냐.

⑤ 너무 화가 난다. 그나마 아이가 살았으니 다행이네.

4. 네가 영어 시험 문제를 풀다가 몰라서 세 문제를 찍었
어. 그런데 모두 정답이네! 너는 뭐라고 말할 거야?

① 와! 찍었는데 맞으니까 진짜 기분 좋다.

② 앗싸! 이런 게 찐실력이지.

③ 와! 씨발, 찢었다.

④ 행운이 KTX처럼 제때 맞춰서 오는구나.

⑤ 대박이야! 다음번엔 실력
으로 풀 수 있도록 공부
해야지.

5. 블루투스 이어폰으로 노캔_{노이즈 캔슬링}하고 음악을 듣
는데 선생님이 어깨를 건드려서 깜짝 놀랐어. 너는 뭐
라고 말할 거야?

① 아이코! 선생님 깜짝 놀랐어요.

② 아! 갑자기 그러시면 어떻게 해요.

③ 씨발, 놀라라. 아! 선생님, 죄송합니다.

④ 앗! 간이 떨어지다가 선생님이 무서워 제자리로 돌아
왔네요.

⑤ 선생님! 안 그래도 심심하던 차에 놀라게 해 주시니 감
사합니다.

6. 친구가 약속 시간이 지났는데 오지도 않고 전화도 안 받아. 화가 난 채 집으로 가는데, 건너편 편의점에서 그 친구가 다른 친구랑 놀고 있는 거야. 친구에게 가서 물어보니 약속을 까먹었대. 너는 뭐라고 말할 거야?

① 야! 엄청 기다렸잖아. 기분 나빠.

② 진짜 너무하네. 미안하긴 하냐?

③ 아, 존나 화나네. 뭐냐!

④ 뉴런을 가지치기했냐, 까마귀 고기를 삶아 먹었냐?

⑤ 그래. 덕분에 바람도 쐬고 지나가는 사람들도 구경하고 좋았지 뭐.

7. 네가 친구에게 수학 문제를 가르쳐 주고 있는데 친구가 자꾸 딴청을 피워. 계속 설명해도 이해할 것 같지 않아. 너는 뭐라고 말할 거야?

① 필요한 공부를 네가 안 하니까 내가 좀 지치고 화난다.

② 가르쳐 달라고 할 때는 언제고 도대체 뭐하자는 거냐?

③ 야, 이 돌대가리야. 모르면 좀 배워. 존나 짜증나네.

④ 아메바가 네 절친은 아니잖아. 좀 배우자 배워!

⑤ 내가 너무 어렵게 알려 주고 있나 보구나. 다른 방법으로 알려 줄까?

자, 주목! 해설 나감

일곱 문제 모두 답했어? 답하기 쉬운 문제도 있고 어려운 문제도 있었지? 물론 네가 찾는 답이 없어서 고민하기도 했을 거야. 하지만 최대한 네가 말할 법한 답을 골랐지? 그럼, 너의 언어생활이 어떤지 볼까? 보기 ①~⑤ 중 가장 많이 선택한 게 무엇인지 확인해 봐!

①번이 많은 친구, 손!

이미 눈치챈 친구도 있겠지만, ①번은 최대한 마음을 솔직하게 표현한 것들이었어. 만약 네 답이 주로 ①번에 많이 몰려 있다면, 네가 감정을 고운 말로 잘 풀어내는 사람이란 뜻이야. 마음을 있는 그대로 표현하는 것은 매우 중요해.

네가 이처럼 슬기로운 언어생활을 한다는 것은 아주 좋은 일이야. 욕이나 남을 비난하는 말을 쓰지 않는 훌륭한 언어 습관을 가진 거지. 하지만 우린 살면서 다양한 상황에 놓이게 돼. 때로는 나도 모르게 욕을 하고, 때로는 다른 사람들이 쓰는 욕에 노출되기도 해. 영화나 드라마에서도 욕이 나올 때가 많잖아. 너도 욕이 마구 쏟아지는 상황에 놓인다면 어떻게 받아들여야 할지 생각해 볼 필요가 있어.

앞으로 펼쳐지는 이야기들은 그런 상황과 욕을 하는 다른 친구들의 마음을 이해하는 데 꽤나 큰 도움이 될 거야. 이 책을 읽으며 주변 친구들은 어떤 말을 쓰는지, 왜 그런 말을 하는지, 네가 도와줄 일은 없을지 한번 고민해 보길 바라.

②번이 많은 친구, 손!

②번은 상대방을 탓하거나, 비난하거나, 상대방에게 화를 내는 것들이었어. 사실 나도 ②번을 많이 골랐어. 이 경우에 해당하는 친구들이 많을 거라고 생각해. 왜냐하면 사람은 자기가 처한 상황이 좋으면 자기 덕으로, 나쁘면 남의 탓으로 돌리려는 본능을 가지고 있거든. 그러다 보니 눈에 뻔하게 보이는데도 남의 탓만 하는 사람들이 많지. 더욱이 남 탓을 할 때 욕까지 하고 말이야. 그렇다고 그 사람이 나쁜 것은 아니야. 다만 표현이 과격하다 보니 주변에서 참고 견디기가 어려운 거지. 물론 매번 남을 탓하는 건 좋지 않은 습관인 것 알지? 너는 어떤 편이니? '남탓내덕'의 신공을 펼쳤던 적이 있어?

③번이 많은 친구, 손!

③번을 많이 체크한 너는 욕설 친화형 인간이라고 할 수 있

어. 나도 모르게 욕이 습관이 된 친구들이지. 화가 나도, 좋아
도, 놀라도 욕이 툭! 이미 욕과 한 몸이 되어 욕을 하지 않고는
말을 하기 어려운 지경에 이른 걸지도 몰라. 그중에는 '다들 욕
을 하는데 굳이 나만 고쳐야 해?'라고 생각하는 친구도 있을 거
고, 잘못된 걸 알지만 고치기 어려워서 고민 중인 친구도 있을
거야. 어떤 경우이든 괜찮아. 너의 언어 습관을 알았으니 이제
더 멋진 말을 찾아가는 여행을 함께해 보자.

④번이 많은 친구, 손!

혹시 ④번이 많은 친구 있니? 딱히 ④번처럼 말하지 않더
라도 그때그때 상황에 맞게 새로운 표현을 만들어 내는 친구
있어? 그렇다면 대단한 친구야! 같은 생활 공간에서 함께 숨
쉬는 사람들과 다양한 경험을 하면서 관찰한 것으로 무언가
를 창작하려는 욕구가 큰 사람들이 이런 말을 많이 하는 편이
거든.

욕을 하더라도 우아하게, 상상력을 자극하면서도 상스럽지
않게, 하지만 상대방을 비난할 때는 매우 치명적인 상처를 주
는 그런 말들이지. 어떤 말은 듣는 사람에게 큰 충격을 줄 수도
있어. 매일 밤마다 이불킥을 날릴 만큼 말이지. 하지만 과! 유!

불! 급! 상대방의 기분을 상하게 하는 데 초점을 둔다면 듣기 거북한 욕과 다를 바가 없겠지?

⑤번이 많은 친구, 손!

장담컨대 ⑤번에 답을 한 친구가 있다면, 인정! 너는 진정 자기보다 다른 사람을 먼저 이해하고, 화를 웃음으로 승화시킬 수 있는 사람이야. ⑤번이라고 답한 친구와 만나서 이야기를 나눠 보고 싶어. 얼마나 멋질까! 앞으로 어떤 힘든 순간이 오더라도 지금처럼 긍정하는 태도로 극복해 나갔으면 좋겠어. 그리고 주변에 거친 언어 습관을 가진 친구를 도와주면 좋겠어. 네가 가진 긍정의 힘이 친구의 거친 입을 부드럽게 만들어 줄 테니까!

더 좋은 언어 습관을 갖고 싶다면?

물론 모두 같은 번호에 답을 하지는 않았을 거야. 문제마다 다른 번호를 골랐다고 해서 이상할 것 없어. 그만큼 네가 상황에 맞게 다양한 언어를 사용하면서 대처한다는 뜻이니까.

'욕 생활 진단 테스트'에서 7점 이상의 고득점자이면서 '상황별 욕 테스트'에서 ③번을 4개 이상 선택한 친구 있어? 테스트를 하다 보니 내가 욕했던 과거가 떠올라서 부끄럽거나 나에게 욕한 친구가 떠올라서 화가 난 친구는? 괜찮아. 이건 우리가 얼마나 욕을 많이 하는지, 언어 습관은 어떤지 확인해 보기 위한 거니까.

사실 욕을 하는 문화는 오래전부터 있었어. 어느 나라나 마찬가지야. 심지어 동물도 화날 때 욕을 한대. 오랑우탄은 장난삼아 그들만의 방식으로 욕을 한다는 연구 결과도 있어. 우리가 하는 욕과 똑같은지 알 수 없지만, 동물도 다른 상대나 자신이 처한 상황에 불만을 표현한다니 놀랍지 않아?

아주 힘들거나 고통스러울 때 욕을 하면 그 상황을 버틸 수 있다고 주장하는 사람도 있어. 스트레스를 받을 때 욕을 하면 그 고통을 조금은 잊을 수 있다는 거지. 실제로 아플 때 욕을 하면 통증이 줄어드는지 비교해 본 실험도 있어. 놀랍게도 욕이 통증을 줄이는 데 효과가 있었다고 해. 우리가 욕하는 것을 그저 나쁘다고만 단정할 수는 없을지 몰라.

하지만 우리가 필요 이상으로 욕하는 것은 아닌지 생각해 봐야 하지 않을까? 또래 친구들과 이야기할 때는 못 느꼈겠지만, 동생들이나 어른들이 욕을 할 때는 듣기 싫잖아. 특히 말끝마다 욕을 하면 말이야. 그런데 우리도 남들 눈에는 그렇게 보일지 몰라.

시도 때도 없이 욕하는 습관도 문제지만, 우리가 쓰는 욕의 뜻도 문제야. 알고 보면 말하는 사람이나 듣는 사람을 매우 욕보이는 말이 대부분이거든.

센 어감의 욕보다는 재치 있고, 품위 있는 말을 할 수 있다면 좋지 않을까? 욕이 아닌 다른 말로 스트레스를 해소할 수 있다면? 만약 그럴 수 있다면 욕 대신 다른 말을 기꺼이 써 볼래? 그 방법이 궁금하다면 이 책을 끝까지 읽어 나가 보자고!

1부

이래도 욕
저래도 욕

화나서
그래!

    우리는 하루에도 참 많은 사람을 만나. 친구들, 선생님, 가족, 선후배……. 그만큼 짜증나고 화나는 일도 많이 생길 수 있지. 친구가 장난을 심하게 치거나 동생이랑 싸웠는데 부모님이 나를 더 많이 혼낼 때면 정말 화가 나잖아. 화내지 않고 꾹 참고 넘어가자니 화가 가라앉지 않고, 고운 말로 내 마음을 표현하자니 내 화가 전달되지 않는 것만 같아! '화나서 그래' 욕의 나라에 있는 허스키는 어떤지 볼까? 위에 있는 QR 코드를 찍으면 만화를 영상으로도 볼 수 있어.

허스키가 한창 컴퓨터 게임을 하고 있어.
옆에 있던 식빵이가 심심한가 봐.

허스키의 컴퓨터 키보드를
실수인 척 건드렸어.

그러자 허스키가 식빵이에게
찡그린 얼굴로 말했지.

식빵이의 장난기가 제대로 발동했는지

분노의 키보드를 두들기는
허스키의 컴퓨터를 꺼버렸어.

둘의 눈이 마주친 순간, 식빵이는 얼굴이 붉으락푸르락 달아오른
허스키의 모습을 보고는 위험을 감지하고 슬금슬금 물러났어.

화나서 욕을 한다고?

어이쿠! 아무리 심심해도 그렇지, 게임 중인 컴퓨터를 꺼버리다니! 식빵이가 잘못했네. 허스키가 화날 만해. 그런데 허스키는 욕을 해서 마음이 좀 편해졌을까? 너는 식빵이가 욕을 들을 만했다고 생각해?

허스키처럼 화가 나거나 당황할 때, 우리 몸은 갑자기 스트레스를 받아서 균형이 무너져. 그러면 이때 특이한 호르몬이 분비되어 신체 각 기관에 많은 양의 피를 한꺼번에 보내게 해. 그렇게 우리 몸의 균형을 맞추어서 우리 몸이 스트레스에 대항할 수 있도록 돕는 거지. 화가 나거나 당황하면 심장이 빨리 뛰고, 호흡이 가빠지는 것도 이 때문이고, 허스키도 그래서 숨이 가빠졌던 거야. 너도 그런 적 있지 않니? 심장이 쿵쾅쿵쾅! 바로 이 스트레스를 이겨 내기 위해 나오는 호르몬이 코르티솔이야. 욕하는 허스키의 몸에서도 이 호르몬이 분비되어 흥분 작용을 벌인 거고.

우리가 스트레스를 받을 때 욕을 하면 통쾌함을 느낄 수 있잖아. 통쾌함을 느끼면서 스트레스가 조금 해소되면 코르티솔의 분비도 감소돼.

그러니 식빵이 때문에 화가 난 허스키처럼 욕을 하자고? 아니야. 화가 날 때 욕을 하는 것도 한두 번이지, 그게 반복되면 우리 몸이 이상해져. 코르티솔은 좀 특이한 호르몬이야. 스트레스에 맞서 대항하며 나를 지켜 주지만, 오랫동안 분비되면 우리 몸의 균형이 오히려 무너지고, 좌뇌와 우뇌를 연결하는 부분도 망가질 수 있다고 해.

욕하는 언어생활이 습관화되면 어떨까? 다시 말해 욕을 입에 달고 다니면? 우리 몸속의 코르티솔 분비도 만성화가 돼. 그러면 당연히 우리 몸도 서서히 영향을 받겠지. 욕을 많이 하는 게 결국은 몸에도 안 좋은 영향을 주는 거야.

그보다 더 큰 문제는 욕을 듣는 사람에게 있어. 자신이 원치 않는 욕을 듣는 사람도 스트레스를 받고, 역시 그 스트레스를 이기기 위해 코르티솔 분비량도 늘어나지. 자신이 전혀 원치 않는데 말이야.

오랫동안 욕에 노출되거나 언어폭력에 시달리면 그 사람의 몸과 마음은 망가져 버려. 우울해지고 자존감도 낮아지지. 인내심 또한 한계에 다다라서 순간적으로 화를 참지 못하거나, 작은 일에도 욱할 수 있어. 마음이 아프게 되면 그만큼 위험해지지. 내가 장난으로 한 욕 때문에 주변 친구들이 우울해지고, 의욕이 없어질 수도 있다는 사실! 꼭 기억하자고.

코르티솔은 식욕을 높이기도 해. 맛있는 걸 먹으면 스트레스가 풀리는 것도 이 호르몬의 작용 때문이지. 화가 나거나 불안한 상황에 놓일 때 건강하게 이겨 낼 방법은 없을까?

화날 땐 욕만 한 게 없지!

우리 잠깐 아래의 이야기를 읽고 질문에 답해 볼까? 갑자기 웬 질문이냐고? 에이, 이유는 묻지 말고 일단 한번 해 봐! 나중에 다 말해 줄게.

너는 지금 수십 명의 팀원을 이끌고 있는 댄스팀의 리더야. 너의 팀은 댄스 경연 프로그램에 참가 중이고 곧 중요한 경연을 앞두고 있지. 여기에서 좋은 결과를 얻지 못한다면 너의 팀은 탈락하게 되고, 더 이상 무대에 설

수 없게 돼. 좋은 결과를 얻으면 당연히 결승전에 진출할
수 있어.

그래서 이번 경연을 위한 최종 리허설을 진행하고 있
는데, 한 팀원이 자꾸만 동작을 틀려. 그 팀원 때문에 이
번 무대의 전체적인 완성도가 떨어지는 것 같아서 너는
그 팀원에게 자꾸만 짜증이 나려고 해.

이런 상황에서 댄스팀의 리더인 너는 그 팀원에게 뭐
라고 말할 것 같아?

머릿속에 순간적으로 떠오르는 말들을 자유롭게 적어
볼래?

....

....

....

너는 팀원에게 뭐라고 말할 거 같아? 에이, 우리 솔직하게
얘기해 보자. 너의 이야기를 들을 사람은 아무도 없으니 걱정

말고. 혹시 이런 말을 적지 않았어?

🌸 씨발, 그것도 춤이라고 추냐?
🌸 와, 존나 못 추네.
🌸 하, 그렇게 출 거면 그만둬.

네가 적은 것과 똑같다고? 괜찮아! 혼내려는 게 아니니까 걱정하지 마. 사실 우리 모두 사람인지라 화나거나 짜증이 나면, 즉 부정적인 감정이 차오르면 욕을 하곤 하지. 마음속에서 일어나는 화를 참지 못하고 욕을 해서 '화나서 그래' 욕의 나라로 가고 말아. 어른들도 운전할 때 갑자기 다른 차가 끼어들면 욕하면서 화를 내잖아.

욕을 쓰는 '진짜' 이유는 무엇일까?

너에게 꼭 묻고 싶은 질문이 하나 있어. 욕을 하는 '진짜' 이유가 무엇인지 고민해 본 적이 있어? 상상 더하기에서 네가 욕을 하게 된 이유는 그 팀원이 계속 실수를 하기 때문이었잖아. 그 팀원이 자꾸 안무를 틀리면 결승전에 못 나갈 수도 있으니까. 너는 결국 그 팀원이 지금보다 춤을 잘 추었으면 하는 마음에서 그 팀원에게 욕을 한 것은 아닐까?

그런데 네가 만약 그 팀원에게 욕을 했다고 생각해 봐. 욕을 들은 팀원은 어떻게 반응할까? 네가 욕을 쓰게 된 과정에 집중하지 말고, 네가 욕을 쓰고 난 '이후'를 상상해 보라는 거야.

다양한 반응이 있을 수 있겠지. 누군가는 욕을 하는 네 모습이 무서워서 "죄송합니다"라고 말하며 눈물을 흘릴 수도 있고, 더 열심히 춤 연습을 해서 너의 기대를 만족시킬 수도 있어. 다른 누군가는 너와 서먹하게 지내다가 서서히 멀어질 수도 있지. 또 다른 누군가는 그 순간에는 별말이 없다가, 다음 날 갑자기 팀에서 탈퇴할 수도 있어.

어떠한 반응을 떠올려 봐도, 욕을 들은 팀원과 너의 사이가 이전보다 좋아지거나 그 팀원의 기분이 예전보다 나아지는 일은 없을 것 같아. 그렇지 않니?

너는 춤 동작을 계속 틀리는 팀원에게 적당한 자극을 주어서, 그 팀원이 춤을 더 잘 추게 하고 싶었을 뿐인데 말이야. 왜 욕을 하고 난 이후의 결과는 우리의 기대와는 달라지는 걸까?

'나는 이런 의도로 욕을 했는데 왜 결과는 내 의도와 완전히 다르지?' 꼭 상상 더하기와 같은 상황이 아니더라도 평소에 이처럼 난처했던 경험이 다들 한 번쯤은 있을 거야. 그렇다면 욕으로 나의 화를 표현하는 건 그다지 성공적인 방법이 아니지 않을까? 내 의도와는 다르게 나쁜 결과로 이어질 수 있으니까 말이야. 너는 어떻게 생각해? 뭔가 불만이거나 기분이 나쁘다고 욕을 하는 게 정말 최선일까?

짜잔, 이제 '좋아서 그래' 욕의 나라에 왔구나. 좀 전에 우리는 분명 부정적인 감정을 드러낼 때 욕을 자주 사용한다고 얘기했잖아. 그런데 사실 우리는 좋을 때도 '씨발', 감탄할 때도 '존나', 웃길 때도 '지랄'을 거침없이 사용하고 있지. 넌 아니라고? 진짜?

사실 우리가 느끼는 감정과 생각을 표현할 수 있는 말도 무수히 많은데 언젠가부터 욕이 만병통치약(?)이 된 것 같아. '좋아서 그래' 욕의 나라에 있는 식빵이도 마찬가지고 말이야. 함께 볼까?

올림픽이 한창이야. 가족들이 텔레비전
앞에 앉아 함께 경기를 즐기고 있어.

식빵이도 카톡으로 이야기를
주고받으며 경기를 보고 있었지.

모두 우리 선수가 경기에 이기고
금메달을 따는 순간을 기대하고 있었어.

"대한민국 선수가 쇼트트랙
금메달을 목에 걸었습니다."

아나운서, 해설자 모두
목이 터져라 환호성을 질렀어.

와, 존멋! 지렸다!

…… 우리 친구 식빵이도 빠질 순 없었지.

엄마가 식빵이를
노려보셨어.

화가 나도 씨b, 좋아도 씨b, 그냥 씨b

'좋아서 그래' 욕의 나라에 온 걸 환영해. ♩♪ 좋을 때 욕하는 것도 호르몬의 장난일까? ♩♪ 즐거울 때는 욕을 해도 되는 걸까?

외국 영화나 드라마에서도 주인공들이 뛸 듯이 기쁠 때 자주 내뱉는 대사들이 있었던 것 같아. 'Holy, shit!', 'What the fuck' 같은 말들 있잖아. 그것도 다 외국 사람들이 쓰는 욕이지. 어머, 좋을 때 욕하는 것도 동서양 공통인가 봐. 욕은 남을 모욕하거나 저주하는 말인데, 왜 우리는 좋을 때도 욕을 할까? 방금 본 만화에서 식빵이 엄마는 좋아서 욕을 하는 식빵이가 이해되지 않으셨나 봐. 너는 식빵이와 비슷해, 아니면 식빵이 엄마와 비슷해?

욕은 알고 보면 되게 저급하고 상스러운 의미를 담고 있어. 그런데 우리는 그 의미는 무시하고, 기쁘고 좋은 상황에서도 욕을 하지. 우리의 감정이 순간적으로 변하면 긍정적인 일이든 부정적인 일이든 몸의 균형이 무너져서 호르몬이 바로잡으려 한다고 했잖아. 얼굴이 빨개지거나 숨쉬기 힘들어지는 것도 그 영향이고. 때로는 몸이 부들부들 떨리기도 하잖아. 우리 뇌가 헷갈려서 그런 걸까? 기분이 좋은데 왜 욕을 하는 걸까? 우리는 언제부터 좋을 때도 욕하기 시작한 걸까?

어린 시절을 떠올려 봐. 크리스마스에 산타클로스가 착한 어린이에게 선물을 준다고 굳게 믿었던 그 시절 말이야. 크리스마스가 다가올수록 착한 일을 하려고 얼마나 노력했는지 생각나? "산타 할아버지는 다 보고 계시지"라며 미소 짓는 부모님의 말에, 착한 어린이가 되려고 최선을 다하고 마침내 선물을 받으면 뛸 듯이 기뻤잖아.

"와! 내가 갖고 싶다고 백번 말했던 건데, 너무 좋아!"

"산타 할아버지, 제 소원을 들어주셔서 감사합니다. 앞으로 착한 아이가 될게요!"

그때 우리는 좋으면 좋다고 순수하게 우리의 감정을 말하곤 했지. 그렇게 때 묻지 않았던 우리가 욕을 듣고, 배우고, 친구들과 많은 시간을 보내면서 좋을 때도 욕을 하기 시작한 건지도 몰라. 그러니까 기쁠 때 욕하는 것은 사회에서 익힌 일종의 버릇일 가능성이 큰 거지.

욕은 상대의 인격을 무시하는 말이라고 사회적으로 합의했기 때문에 욕인 거야. 그런데 모든 상황에서 욕을 쓰는 건 좀 이상하지? 화가 나도 씨발, 좋아도 씨발, 그냥 씨발. 그렇게 욕을 달고 사는 모습을 너는 어떻게 생각하는지 궁금하다.

긍정의 감정 표현, 그때도 욕만 한 게 없지!

이번에도 아래의 이야기를 읽고 솔직한 생각을 써 봐! 누구의 눈치도 보지 말고 솔직하게 답해야 해. 알았지? 우선 눈을 감고 마음부터 가다듬어 보자고.

자, 일단 너의 '최애_{최고로 애정하는}'를 머릿속에 떠올려 봐. 떠올렸다고? 좋아. 그럼 이야기를 시작할게.

너는 지금 연말 시상식을 보고 있어. 너의 최애 연예인도 당연히 참석했지. 그런데 너의 최애가 연말 시상식에 걸맞게 화려한 의상을 입고, 무대에서 멋진 모습을 보여주는 거야! 정말이지 두고두고 기억될 역대급 영상이 나온 것 같단 말이지. 이 모습을 생방송으로 보고 있던 너는 친한 친구에게 바로 메시지를 보냈어. 최애의 멋진 모습을 얼른 말하고 싶어졌거든.

너라면 친구에게 무슨 메시지를 보낼 것 같아? 너의

머릿속에 순간적으로 떠오르는 말들을 자유롭게 적어 볼래?

....
....
....

상상 더하기 상황에서 친한 친구에게 어떤 말을 하려고 했어? 그렇게 망설이지 않아도 괜찮아! 나도 최애 연예인이 있어서 너의 마음을 다 알고 있다고! 혹시 이런 말을 떠올리지는 않았어?

- ❈ 씨발, 개쩐다.
- ❈ 와, 개존잘 / 개존예.
- ❈ 하, 존나 대박!

화났을 때 자주 사용하는 욕들이 여기서도 보이네. 최애의 인격을 무시하려는 게 아니라, 넘치는 매력을 표현하려던 건데 왜 욕을 쓴 걸까? 만일 아래와 같이 말했다면 어땠을까?

- ♥ 대박, 정말 멋있다.
- ♥ 와, 진짜 잘생겼다 / 예쁘다.
- ♥ 하, 정말 대박!

앞에서 우리가 순간적으로 떠올린 말들을 조금 다듬어 본 거야. 어때? 너의 최애 연예인의 멋지고 눈부신 모습을 드러내기에는 너무 부족한 것 같아? 물론 그렇게 생각할 수도 있어.

실제로 많은 사람이 엄청 좋아하는 사람을 보거나 매우 좋은 일을 겪으면 감정을 강렬하게 표현하고자 욕을 쓰고는 해. 그래야 나의 감정이나 생각을 실감나게 전달할 수 있다고 생각하기 때문이지.

그렇지만 욕의 본래 뜻을 알고 난다면 아마도 욕을 내가 아끼는 최애 연예인에게, 나의 기쁜 마음을 표현하는 데 쓰기가 좀 꺼려질 거야. 혹시 내가 자주 사용하는 욕이 어디에서 비롯된 말인지 궁금하다면 뒤에 있는 부록에서 먼저 찾아보고 와도 좋아!

다시 돌아와서 방금 너희가 떠올렸던 그 말을 부모님이나 선생님, 주변의 어른들에게 그대로 말할 수 있을지 한번 생각해 볼래? 어쩐지 조금 망설여진다고? 왜 그럴까? 아마도 우리가 '씨발', '개존잘/개존예', '존나' 같은 표현이 욕이라는 사실을 이미 알고 있기 때문일 거야.

내가 아끼는 누군가를, 기쁨과 환희로 가득했던 한순간을 그저 좋게 얘기하고 싶어서 욕을 썼을 뿐인데, 그 의미도 내 생각과는 너무 다르고 많은 사람에게 편하게 얘기할 수도 없다니⋯⋯. 그렇다면 내가 느낀 긍정의 감정을 꼭 욕으로 표현해야 하는 걸까? 흠, 고민이 되네!

장난인데 뭐 어때! 우리 친하잖아

　우리는 가깝지 않은 친구와 대화할 때 조금은 어색하고 조심스러워서 말을 가려 하잖아. 그런데 친한 친구와 대화할 때는 머릿속에 떠오르는 말을 거침없이 마구 내뱉지. 식빵이와 허스키처럼 말이야.

　때로는 친구를 부르는 별명이 욕과 비슷하기도 하고, 친구와 대화할 때 일단 욕으로 시작하지. 친하니까, 장난이니까, 친구도 잘 받아 주니까……. 이렇게 다양한 이유로 친구에게 욕하며 장난치는 우리. 그런데 정말로 악의가 없다고 욕하는 게 단순한 장난이 될 수 있을까?

알겠습니까?

넵!

허스키네 학교에서 직업 체험 학습을 갔어.
식빵이와 허스키는 소방관 체험을 하게 됐지.

야! 나 존멋!

뭐래!
짜져 있어. ㅆㅂ아.

아 ㅆㅂ,
나 소방관 할까?

ㅎㅏ핫!

개소리 작작해!
ㅂㅅ아.

ㅋㅋㅋㅋ.
너는 좀 아닌 것 같다. ㅂㅅ아.

ㅋㅋㅋㅋ.
ㅆㅂ, ㅈㄴ 웃겨.

절레

절레

시바견은 서로 욕을 하면서 웃는
식빵이와 허스키를 이해할 수 없어.

장난인데 왜 그렇게 호들갑이야

식빵이와 허스키는 사이가 좋아 보이네. 얼마나 친한지 욕을 주고받으며 해맑게 웃고 있어. 친하면 욕을 해도 괜찮은가?

친구끼리 모여서 이야기를 하다 보면 누가 먼저랄 것도 없이 욕이 나올 때가 있지. 그게 재미있어서 낄낄대며 또 누군가가 따라 하고. 그러다 보면 친한 친구끼리 별 대수롭지 않은 이야기를 하면서도 욕이 막 튀어나와. 주변에서 누가 보기라도 하면 괜히 짜릿한 느낌도 들어. 그렇게 욕을 하는 게 익숙해져서 욕을 하지 않고는 말을 잇지 못하는 친구들도 생기더라고.

친구와 친해지고 싶어서든 친구를 놀리고 싶어서든 장난으로 욕을 한다면, 너는 '장난인데 뭐 어때' 욕의 나라로 초대받은 거야. 다 장난이니까 괜찮다고 생각하는 거지. 하지만 욕을 지나치게 많이 하면 친구가 기분 나빠할 수 있고, 심할 경우 싸울 수도 있어. 그렇게 사이가 멀어지는 친구도 있지.

친구들과 평소처럼 이야기하며 길을 걷다가, 왜 그렇게 욕을 많이 하냐며 어른에게 혼난 적이 있어. 그냥 친한 친구들과 장난으로 욕을 좀 했을 뿐인데, 어느새 입이 거친 아이라거나 나쁜 아이라고 소문이 난 친구도 있지. 친한 친구끼리 장난으로 욕 좀 한 것 가지고 왜 그렇게 호들갑인 걸까?

장난이면 언제나 괜찮은 걸까?

이제는 익숙해졌지? 다음 이야기를 읽고 솔직한 답을 써 보는 거야. 앞에서와 마찬가지로 네 생각을 편하게 말해 주면 돼. 머릿속에 떠오르는 그대로!

학교를 마치고 평소처럼 친구와 함께 집에 가는 길. 집에 갈 때면 항상 놀이터를 지나가야 하는데, 오늘은 조금 놀다가 집에 가고 싶은 거야. 예전에도 놀이터에서 놀다 가자고 한 적이 있는데, 친구는 그때마다 차라리 PC방에 가자고 하거나 집에 가서 놀자고 했어. 그래서 놀이터에서 같이 논 적이 없어. 너는 '설마 오늘도 거절하겠어?'라는 생각에 친구에게 놀이터에서 놀다 가자고 말을 했는데 또 거절하지 뭐야? 기분이 상한 너는 친구에게 이렇게 말했어.

"너는 왜 놀이터에서 놀자고 할 때마다 싫다고 하냐?"

그랬더니 친구가 시무룩한 표정으로 조심스럽게 이야

기하기 시작했어.

"사실은 몇 년 전에 같은 반이었던 친구가 내 이름을 가지고 장난친다면서 저기 그네에 욕을 써 놨어. 놀이터에 가면 그때 기억이 떠올라서 저 놀이터는 가기도 싫어."

예전의 일이 떠올라 놀이터에 가기 싫다는 친구에게 너는 무슨 말을 해 주고 싶어?

너라면 무슨 말을 할 것 같아? 너의 머릿속에 순간적으로 떠오르는 말들을 자유롭게 적어 볼래?

....

....

....

상상 더하기에 나오는 친구에게 너는 어떤 말을 해 주고 싶어? 정말 다양한 말을 해 줄 수 있을 것 같은데, 다음 답변 중 네가 생각한 것과 비슷한 게 있어?

✿ 에이, 몇 년 전에 있었던 일 가지고 뭘! 너랑 친해서 그랬나 보네.

✿ 야, 그 욕이 진심이었겠어? 장난이잖아, 장난!

✿ 그렇게 기분이 나빴으면 그때 얘기하고 털지 그랬어.

네가 적은 내용과는 다르다고? 음, 그러면 혹시 아래와 같이 말하려고 했으려나?

♥ 아, 그런 일이 있었구나. 미안, 몰랐어.

♥ 그때 많이 힘들었겠다. 그럼 우리 다른 데 가서 놀자!

이렇게 전혀 다른 반응이 나올 수 있는 이유는 무엇일까? 그건 아마도 사람마다 장난을 받아들이는 기준이 다르기 때문일 거야. 친구가 겪었던 일을 친구 사이에 일어날 수 있는 '장난'이라 생각할 수도 있지만, 장난이 아니라 '괴롭힘'이라 생각할 수도 있어.

장난도 상대가 받아들여야 장난이다

그렇다면 대체 누구의 생각을 기준으로 삼아서 말하고 행동해야 하는 걸까? 분명한 걸 좋아하는 친구는 정확한 기준을 알려 달라고 할지도 모르겠어. 욕이 장난이 될 수 있는 기준은 어디까지냐고.

혹시 "장난도 상대가 받아들여야 장난이다"라는 말을 들어 본 적이 있니? 이 말에 답이 있어. 장난의 기준이 '나'여서는 안 된다는 거야. 왜냐하면 내가 한 말을 듣는 것은 내가 아니라 '상대방'이기 때문에 상대방의 기준을 고려해야 한다는 거지.

물론 상대방이 그 기준을 말해 주지 않으면 내가 쓰는 욕이 장난으로 전달되고 있는지, 아니면 상대방의 기분을 상하게 하고 있는지 알기는 어려워. 그러니까 우리가 장난으로라도 친구에게 욕을 하지 않고, 친구의 별명을 욕과 비슷하게 만들어 놀리지 않는다면 상처를 받는 사람은 줄어들지 않을까? 우리가 하는 욕과 말장난을 사람마다 모두 다르게 받아들일 테니까.

생각 ····· **넓히기** 뇌의 발달이 언어와 관련되어 있다고?

언젠가 한 다큐멘터리에서 이런 내용을 본 적이 있어. 욕이 다른 말보다 네 배나 강하게 기억에 남아서 뇌를 자극한다는 거야. 그렇게 되면 자극을 받은 뇌에는 당연히 어떠한 변화가 생겨나겠지?

뇌 과학 분야의 연구 자료에 따르면, 놀랍게도 욕처럼 거친 언어를 많이 쓰는 사람은 그렇지 않은 사람에 비해 뇌 발달이 늦어진다고 해. 자신의 감정을 적절한 언어로 다양하게 표현하지 못하기 때문에 뇌가 더디게 발달하는 거지. 반면 욕 대신 다양한 말을 쓰는 사람의 뇌는 새로운 뇌세포가 많이 생겨나고, 뇌세포 간 연결이 강화되면서 뇌 기능이 향상되는 모습을 보였다고 해.

그런데 더 놀라운 사실은 욕을 하는 사람뿐만 아니라 욕을 '듣는' 사람에게도 똑같은 변화가 일어났다는 거지. 지금 너의 뇌는 어떠한 상태인 것 같아? 너의 평소 언어 생활을 떠올려 보며 한번 생각해 봐!

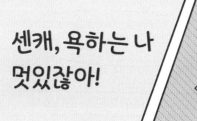

센캐, 욕하는 나
멋있잖아!

사실 알고 보면 우리가 보는 여러 영상에서도 욕을 쓰는 사람들을 쉽게 볼 수 있어. 유명한 운동선수가 경기가 풀리지 않을 때 욕을 내뱉기도 하고, 영화나 드라마 속에서 등장인물들이 찰진 욕을 쓰기도 하잖아.

그들의 모습은 하나같이 카리스마 넘치고 멋지게 보여. 그래서 내가 욕하는 모습도 멋있게 보이지 않을까 착각하기도 해. 그런데 한번 진지하게 생각해 봐. 네가 지금 바라고 있는 너의 미래 모습에 욕을 하는 모습도 있어?

그렇게 식빵이가 즐겁게 본 개인 방송을 아이들에게 자주 들려줬지만
어느 날부턴가 이야기를 듣던 아이들이 하나둘 떠나갔어.

강해 보이려면 욕은 필수지

식빵이 친구들은 식빵이를 정말 강하고 멋진 친구로 생각했을까? 아마 아닐 거야. 식빵이의 이야기를 듣던 친구들이 하나둘 떠난 걸 보면.

요즘은 누구나 쉽게 영상을 만들어 SNS에 올리거나 실시간 방송을 할 수 있어. 이런 개인 방송이 인기를 끌면서 많은 사람이 보기도 하고, 개인 방송을 직접 하는 사람들도 많아졌어.

개인 방송은 방송국처럼 규제가 심하지 않아서 욕을 하더라도 별다른 제재를 받지 않아. 그래서인지 개인 방송 진행자는 욕을 하며 재밌는 이야기를 하기도 하고, 멋진 사람인 양 허세를 부리기도 하지. 게임 방송 진행자가 게임할 때 욕하는 모습을 보면 더 강하게 보이기도 하잖아!

욕에 조금씩 익숙해지니 욕에 대한 거리감이 없어지고 오히려 욕을 즐기게 되는 것 같아. 어쩌면 식빵이도 자신이 좋아하는 개인 방송 진행자들처럼 멋져 보이고 싶단 생각에 욕을 한 건 아닐까?

욕을 하다 보면 힘이 세진 기분이 들기도 하고, 친구들이 나한테 함부로 하지 못할 것 같은 생각도 들어. 그래서 내가 더 멋지고 강한 사람이 된 것 같다는 착각이 들기도 하지.

욕을 쓰는 네 모습이 멋있어 보일 거라고?

　이번에도 어김없이 너의 생각을 마음껏 펼칠 시간이 돌아왔어. 역시 다음 이야기를 읽고 답을 솔직하게 써 주는 거다!

　　너는 지금 하루 일과를 마치고 집에 돌아가는 길이야. 집 앞 편의점에 다다라 조금 시끌시끌해서 곁눈으로 흘깃 보니, 너의 친한 친구가 다른 학교 학생 몇 명과 싸우고 있어.

　　못 본 척 그 자리를 떠날까 고민도 했지만 친구가 걱정이 된 너는 편의점 근처로 다가갔어. 가까이 가서 보니, 다른 학교 학생들이 너의 친구에게 욕을 퍼붓고 있어!

　　이 상황에서 너라면 무슨 말을 할 것 같아? 너의 머릿속에 순간적으로 떠오르는 말들을 자유롭게 적어 볼래?

네가 어떤 말을 적었는지 이야기하기 전에, 혹시 상상 더하기와 같은 상황을 직접 겪어 봤어? 만약 실제로 저런 일이 나에게 일어난다면, 나는 그 순간 수많은 생각을 하게 될 것 같아. '괜히 끼어들었다가 내가 다치면 어떡하지?' 하는 불안이 가장 먼저 생길 것 같아. 그렇다고 모른 척 피하기에는 친구가 걱정되고, 한편으로는 여전히 친구에게 욕하는 애들이 너무 무섭고⋯⋯. 정말이지 상상하기도 싫어.

만약 상상 더하기 속의 이야기가 눈앞에 펼쳐진다면 무슨 말을 할 거야?

❤ 미안한데, 무슨 일이야?

❤ 너무 심하게 말하는 거 아니야?

✺ 씨발, 어디서 쌍욕을 하고 지랄이야? 너희 뭔데?

혹시 이 중에 네가 떠올린 말과 비슷한 게 있니? 가장 적절한 말은 어떤 걸까?

사람마다 생각은 조금씩 다르겠지만, 대부분은 첫 번째와 두 번째 답변이 너무 부드러워서 위의 상황에 제대로 대처하지 못할 거라고 생각할지도 몰라. 그래서 욕을 하고 있는 세 번째 답변이 가장 실감난다고 느꼈을 수 있어.

왜 세 번째 답변이 가장 그럴듯하다고 느꼈을까? 욕 정도는 써 주어야 조금 더 강해 보이고, 센 척할 수 있다고 생각하는 건 아닐까? 드라마나 영화 속 '센캐센 캐릭터'처럼 말이야. 정말 욕을 써야만 강하게 보일까?

생각 넓히기 '씨발'은 안 되고 '식빵'과 '시바견'은 괜찮아?

혹시 스포츠를 좋아해? 스포츠를 좋아한다면, 경기가 마음처럼 잘 풀리지 않을 때 마치 추임새처럼 욕을 하는 몇몇 선수들이 떠오를 거야. 우리는 그렇게 매 경기 최선을 다하는 열정이 가득한 선수들을 좋아하고, 그들이 욕설을 내뱉어도 승부욕이 강한 것으로 이해하곤 하지. 일상생활에서라면 욕을 한다고 비판을 받을 수도 있겠지만, 스포츠 경기에서는 그런 모습까지 경기의 일부로 자연스럽게 받아들이잖아. 유명한 배구 선수에게 '식빵 언니'라는 별명을 붙여 주고, 방송에서도 이 별명을 유쾌하게 웃어넘긴 것처럼 말이야.

우리는 왜 '씨발' 대신 때때로 '식빵'이나 '시바견' 같은 말들을 쓰고 있는 걸까? 처음에는 '씨발'이라는 욕과 발음이 비슷해서 '식빵'이나 '시바견'을 사용했을 거야. 그러다 어느 순간, 이런 표현들이 '씨발'이라는 욕을 그대로 쓰는 것보다는 상대적으로 욕을 쓰지 않은 듯한 느낌이 들어 점점 더 많이 사용하게 된 거 아닐까?

그런데 '식빵'이나 '시바견'이라는 말을 쓰면 정말 욕을 쓰지 않은 게 될까? 사실 '식빵'은 빵의 한 종류를, '시바견'은 개의 한 품종을 가리키는 고유하고 귀한 이름이잖아. '식빵'과 '시바견'의 입장에서 생각해 보면 자기들의 이름이 '씨발'이란 욕 대신 쓰이는 것이 무척 속상할 것 같은데, 너의 생각은 어때?

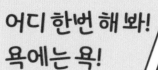

어디 한번 해 봐!
욕에는 욕!

혹시 오늘 누군가에게 욕을 들었어? 만약 들었다면 어떤 욕은 장난처럼 느껴져서 대수롭지 않게 넘겼을 수도 있고, 어떤 욕은 너의 마음에 깊은 상처를 남겼을지도 몰라.

욕을 들은 그 순간, 너는 어떤 말로 대꾸했는지 기억나니? 아무 말도 하지 않고 그 자리를 피한 친구도 있을 테고, 어떻게 그런 말을 하느냐고 그 자리에서 바로 문제 제기를 한 친구도 있을 테고, 어쩌면 욕에는 욕으로 맞대응한 친구도 있을 거야. 식빵이는 어떻게 하는지 볼까?

욕을 들었으면 욕으로 갚아야지!

시방 누가 잠자는 사자의 코털을 건드리는 겨! 나는 욕을 하지 않는 사람이라고. 누가 먼저 건드리기 전까지는!

그래, 네 맘 잘 알아. 장난이라 해도 친구가 먼저 욕을 하는데 나는 욕을 하지 않으면 지는 느낌이 들 수 있지. 그렇게 서로 욕을 하다 기분이 나쁠 때는 욕했다는 사실만으로도 싸울 때가 있고 말이야. '눈에는 눈, 이에는 이' 방법 말고 나에게 날아온 욕설에 대응하는 더 좋은 방법은 없을까?

우리말에 '돌로 치면 돌로 치고 떡으로 치면 떡으로 친다'라는 속담이 있어. 남이 나를 대하는 것만큼 나도 남을 그만큼밖에는 대접하지 않는다는 뜻을 가진 속담이야. 결국 '눈에는 눈, 이에는 이' 방법은 서로에게 욕만 하게 만드는 꼴이지. 이런 대화는 마치 뫼비우스의 띠처럼 계속 서로에게 욕을 하게 만들어. 욕을 들었더라도 욕으로 맞받아치지 않아야 비로소 그 연결 고리를 끊어 낼 수 있는데 쉽지 않지.

나만 들을 수는 없지! 욕 반사!

자, 이번에도 너의 참여가 필요해. 다음 이야기를 읽고 너의 생각을 마음껏 써 봐!

즐거운 점심시간이 되었어. 너는 지금 점심을 먹기 위해 친구들과 함께 급식실로 뛰어가 줄을 서서 기다리고 있어. 먼저 급식을 먹고 나오는 선배들의 손에 짜 먹는 요구르트가 들려 있는 게 보이네. 요구르트를 좋아하는 넌 후식을 보고 더 신이 났어.

그런데 저 멀리에서 선배 두 명이 요구르트를 가지고 장난을 치는 모습이 어째 불안하더니, 그중 쏜살같이 뛰어가던 선배 한 명이 너에게 부딪히고 말았네? 엎친 데 덮친 격으로 선배가 들고 있던 요구르트가 엎어져 네 교복에 엄청 묻고 말았어! 정작 화난 사람은 너인데, 그 선배가 다짜고짜 너에게 욕설을 퍼붓는 거야.

"왜 여기 서 있고 지랄이야? 아, 졸라 재수 없네."

이렇게 어이없고 난처한 상황에 처했어.

만약 너라면 무슨 말을 할 것 같아? 너의 머릿속에 순간적으로 떠오르는 말들을 자유롭게 적어 볼래?

....

....

....

어때? 너라면 어떻게 대처할 것 같아? 솔직히 나였으면 엄청 황당하고 기분이 나빴을 거야. 내가 피해를 입었는데 이름도 모르는 선배에게 욕까지 들으면 당연히 화가 나지. 그래서 너는 어떻게 대답할 거라고 적었어? 혹시 네가 생각한 말과 비슷한 게 아래 예시 중에 있을까?

🖤 이렇게 다짜고짜 욕을 하시니 너무 황당하고 기분이 나쁘네요.

🖤 이렇게 욕하신 행동에 대해서 책임지셔야 할 겁니다.

🖤 사과부터 하셔야 되는 거 아닌가요?

✿ 씨발, 지가 잘못해 놓고 왜 욕하고 지랄이야?

이 중에 어떤 말이 네가 떠올린 것과 비슷해? 어떤 대답을 생각했든 간에 마지막 대답이 가장 속 시원하게 느껴질 것 같

아. 어떻게 아냐고? 나 역시 마찬가지니까! 앞에서 욕을 쓰는 것이 최선이 아니라고 얘기해 놓고, 갑자기 이렇게 말하니까 놀랐어?

그렇지만 이번에는 상황이 조금 다르잖아. 내가 먼저 욕을 한 게 아니라, 나는 가만히 있었는데 상대방이 '먼저' 나에게 욕을 했잖아. 심지어 상대방이 나에게 사과를 해야 하는 상황인데! 이런 경우에도 욕을 쓰지 말라고 한다면 너무 억울할 것 같아. 괜히 '눈에는 눈, 이에는 이'라는 말이 있겠어? 상대방이 먼저 욕을 해서 내 마음에 상처를 냈으니, 나도 당하고만 있을 수는 없잖아! 나처럼 욕으로 맞대응하겠다고 생각한 친구들이 적지 않을 거야. 역시 '욕에는 욕'으로 맞서는 게 최선인 걸까?

2부

너는 욕을
하면서,
듣기는 싫다고?

칭찬인지 장난인지 헷갈려!

말에는 힘이 있어서 누구나 긍정적인 말이든 부정적인 말이든 온몸으로 반응을 하게 돼. 누가 나를 칭찬하면 나도 모르게 입꼬리가 올라가고, 반대로 누가 나에게 부정적인 말을 하면 인상이 찌푸려지고 심장이 빨리 뛰잖아.

친한 사이라도 말 한마디 때문에 오해를 하거나 서로 상처를 주기도 해. 아무리 베프제일 친한 친구여도 느닷없이 내게 욕을 한다면 어이없고, 짜증나고, 화도 나겠지? 조별 수행 과제를 위해 모인 친구들을 한번 볼까?

조별 수행 과제를 위해 조원들이 모였어.
열심히 그렸지만 막상 꺼내려니 좀 부끄럽더라고.

분명히 칭찬을 하는 것 같기는 한데, 웃으면서
욕을 하니 칭찬인지 장난인지 헷갈려.

욕 속에 숨은 진심이 뭐야?

우리는 끊임없이 생각하고, 분석하고, 반응하는 존재야. 어떤 때는 의식적으로 반응하기도 하지만, 어떤 때는 그 순간의 감정에 따라 반응하기도 하지. 이때 자기 감정을 욕으로 표현하는 게 가장 적절하다고 생각하는 친구들이 있을지도 몰라. 정말 예상 밖의 일이라 놀라서 얼결에 욕할 수도 있고, 허물없이 지내는 사이라고 생각해서 장난스럽게 욕을 할 수도 있지. 그럼 다른 사람이 하는 욕을 들었을 때 우리는 어떤 느낌이 들고, 어떤 반응을 하게 될까?

욕을 하고 싶을 때는 그 욕을 내가 듣는다고 생각해 봐. 아마도 오만 가지 생각이 들걸? '도대체 나를 어떻게 생각해서 욕을 하는 걸까?', '너무 편해서 그러는 걸까?', '나를 무시해서 그러는 걸까?', '내가 욕 먹을 짓을 했나?', '감히 내가 욕 먹을 만하다고 생각하는 거야?' 등등.

앞의 만화에서 허스키와 식빵이는 칭찬을 할 때도 좋은 말은 놔두고 욕을 했어. 이런 분위기에 익숙하지? 교실에서도 종종 볼 수 있는 모습이잖아. 이렇게 친구들끼리 아무런 거리낌 없이 욕을 섞어 가면서 대화할 때면 어떤 기분이 들어? 아마 다양한 답이 나올 거야.

- 💜 별로 진지하게 생각해 보지 않았어.
- 💜 악의가 있어서 그러는 건 아니니까 괜찮아.
- 💜 나한테 하는 말도 아니고 다들 그러니까 신경 안 써.
- 💜 좀 튀고 싶어서 그러는 거겠지.
- 💜 자기들끼리 좋으면 그만이라는 거야?
- 💜 좋다는 건지 나쁘다는 건지 헷갈려.

친구들과 대화할 때 욕쯤이야 일상이라 크게 신경을 쓰지 않는 친구들도 많을 거야. 하지만 소중한 친구들이 나에게 축하를 건네고, 칭찬을 할 때도 욕을 하면 장난치는 건지 칭찬하는 건지 헷갈리지 않을까?

개구리 소리도 들을 탓!

친구끼리 거침없이 욕하며 대화하는 걸 볼 때면 '이건 뭐지?' 하는 생각이 들어. 서로 욕을 주고받으면서도 아무렇지 않게 친밀한 분위기라니! 하지만 그렇게 잘 지내다가도 어느 순간 말다툼을 하게 되잖아. 내가 한 일을 친구가 콕 집어서 이러쿵저러쿵 지적하면 나는 무안해지고. 기분이 안 좋은 날에는 친구의 말투가 맘에 안 든다면서 더 트집을 잡고 친구의 지적을 인정하기 싫기도 해. 그러다 보면 평소에는 자연스러웠던 욕이 듣기 거북해지고 감정마저 상하게 되지.

칭찬을 할 때도 마찬가지야. 칭찬이나 축하를 받을 일이 있을 때는 보통 내 기분이 좋으니까 다툼은 안 생기지. 하지만 친구에게 서운한 감정이 쌓여 있다거나 기분 안 좋은 게 있었다면 어떨까? 그런 친구가 나를 칭찬한다며 욕을 하는 날엔 아마 말싸움을 하게 될지도 몰라.

내 기분과 친구와의 친밀도가 내 반응에 영향을 준다는 얘기야. 기분이 좋을 때는 아무렇지 않을 수도 있고, 같은 말도 싫어하는 친구가 하면 기분이 나빠지기도 해. 그건 친구도 마찬가지야. 내가 이전과 똑같이 말해도 친구가 짜증난 상태라면 다르게 받아들일 수 있다는 걸 이제 이해하겠지?

이런 상황을 '개구리 소리도 들을 탓'이라고 한대. 개구리 우는 소리가 듣기에 따라 좋게도 들리고, 나쁘게도 들린다는 뜻이야. 같은 현상도 기분이 좋을 때는 좋게 보일 수도 있고, 기분이 안 좋을 때는 나쁘게 보일 수도 있다는 의미야. 그러니까 친구가 한 욕이 귀에 거슬리는 날도 있고, 아무렇지 않은 날도 있는 거지.

우리는 하루에도 무수히 많은 말을 해. 혼잣말도 하고, 부모님과도 대화하고, 친구들하고 수다도 떨고. 가끔은 모르는 사람들과 말하기도 하지. 우리가 무심코 하는 말이 평소에는 별로 신경 쓰이지 않다가도 기분이나 상황, 관계 등이 영향을 주어 다르게 받아들일 수 있다는 사실을 알게 되었으니, 이제부터는 듣는 사람을 배려하면서 말하면 좋겠지? 더욱이 칭찬할 때 욕을 하는 건 듣는 사람을 헷갈리게 할 뿐이야.

다른 사람과 이야기를 할 때 우리는 주로 상대방의 눈을 바라보며 말하잖아. 말이 생각을 표현하는 도구이기는 하지만 다양한 표정을 짓고 손짓, 발짓도 하면 더 효과적으로 내 생각을 전달할 수 있지. 그런데 메시지는 글자로만 의사 전달을 해야 하니 왠지 무미건조하게 느껴져. 그래서 사람들은 이모티콘 등으로 자기 생각을 실감나게 표현하려고 하지.

이모티콘을 쓰지 못하는 상황에서는 욕으로 자기 생각을 보여 주려는 사람도 많아. 그래야 왠지 내 마음이 속 시원하게 전달되는 것 같은가 봐.

수업을 마치고 집에 온 식빵이는
바로 컴퓨터를 켜고 헤드셋을 썼어.

친구들과 게임을 하기 위해서지.
음성 채팅을 하면서 게임을 하면 더 재밌어.

그때, 동생이 식빵이 방에 들어왔어.

동생은 욕하는 식빵이를
보고 놀랐어.

동생은 바로 엄마에게 달려갔지.

욕을 한다고 감정이 더 잘 전달될까?

　인터넷 공간은 얼굴을 마주 보며 얘기하는 실제 세상과는 사뭇 달라. 상대방의 표정도 안 보이고 억양이나 말투도 느낄 수 없지. 주로 글로만 소통하니까 이면에 숨은 깊은 뜻은 파악하기가 어려워. 만화처럼 누군가가 인터넷상에서 욕하는 것을 보거나 들었을 때, 너는 어떤 기분이 들었어?

　❄ 나한테 하는 말이 아닌데도 기분이 나빠.

　❄ 나는 욕 못해서 안 하는 줄 알아?

　❄ 강해 보이려고 그러나?

　❄ 욕을 들으니 더 짜증나네.

　이 중에 네 생각과 비슷한 게 있어? 나는 게임을 할 때 욕하는 친구를 보면 기분이 이해되다가도 한편으론 '왜 저렇게까지 욕을 하는 걸까?' 하는 생각도 들어. 게임은 즐거우려고 하는 건데 질 것 같다고 기분을 망칠 정도로 욕을 하다니. 하긴 우리만 가지고 뭐라고 할 건 아니지. 게임을 하며 만나는 어른들도 욕을 많이 하니까!

　게임할 때뿐만이 아니야. 인터넷 게시물에 달린 댓글들을 보면 욕이 난무하지. 친구와 메시지를 주고받을 때도 마찬가지고.

다들 자신의 생각이나 감정을 강조하려고 욕을 쓰는 것 같아. 그런데 나는 인터넷에서 욕이 잔뜩 쓰인 글을 보고 나면, 글쓴이의 생각이나 감정보다는 욕밖에 기억나지 않더라고.

욕을 하면 정말 감정을 더 잘 전달할 수 있는 걸까? 욕을 하지 않고도 감정을 잘 전달할 수 있는 방법은 없을까?

미안해! 감정 조절이 안 돼서 그랬어

가끔 우리는 내 생각에 맞춰 상대를 바꾸려고 할 때가 있어. 그럴 때 상대가 내 생각대로 안 바뀌면 종종 화가 나지. 왜 내 마음을 몰라주는 건지 답답해서 욕을 하기도 해. 그런데 막상 내가 다른 사람한테 욕을 듣는 건 싫어. 막 욕을 하다가도 다른 사람이 욕하는 걸 들으면 진짜 기분 나쁘잖아.

인터넷상에서 욕을 들은 경험을 떠올려 봐. 주로 안 좋은 상황이나 누군가와 다툴 때처럼 내 감정이 격해졌을 거야. 예를 들어, 오늘따라 유난히 게임이 잘 안 풀리는데 친구마저 거칠게 욕을 하며 나를 몰아붙이면 확 열 받지 않아? 나도 친구랑 게임할 때 친구가 나한테 욕을 한 적이 있어. 게임이 끝나고 그 친구에게 왜 그렇게 심하게 욕을 하냐며 따졌지. 그랬더니 게임하던 중에는 엄청 화를 내던 친구가 게임이 끝나니 사과를 하더라고. "미안해. 순간적으로 감정 조절이 안 돼서 그랬어"라고 말이야. 나도 '그래. 게임을 엄청 이기고 싶어서 그랬나 보다' 생각하고 사과를 받아 줬지만, 그 이후에는 그 친구랑 게임하는 건 피하게 되더라고.

그런데 게임이 잘 풀려서 기분이 좋을 때도 욕을 하는 친구들도 있어. 상상을 한번 해 봐. 욕이 난무하는 그 상황을 누군가가 동영상을 찍어 보여 줬다고 말이야. 친구랑 즐겁게 게임을 하며 둘이 쉼 없이 욕을 하는 모습을 본다면 얼굴이 화끈거리지 않을까?

우리가 느끼는 감정이나 생각을 말로 표현할 때 함께 나오는 동작들은 매우 많은 정보를 담고 있어. 그런데 인터넷에서는 표정이나 손짓, 발짓은 보이지 않잖아. 그러니까 웹으로 소통할 때는 내 감정을 전할 수 있는 표현을 섞어 보는 거야. 감탄사도 좋고, 단어도 좋아. 어떨 때는 문장 부호만 추가해도 내 감정을 전달하는 데 도움이 돼. "와"라는 감탄사에 느낌표만 추가해도 내 감정이 더 크게 느껴지잖아.

친구들끼리 허물없이 지내는 건 좋지만, 내키는 대로 내뱉지 말고, 듣는 사람의 기분도 배려해 주면 좋겠어. 우리는 알게 모르게 서로에게 영향을 주고받는 사이잖아.

친구들이 왜 욕을 하는지 궁금해서 물어봤더니, '별 생각 없이 한다', '감정 조절이 안 돼서 한다', '지금 처한 상황이 싫어서 한다'는 이유들이 나왔어. 이런 마음을 '충동성'이라고 해. 충동성은 기분에 따라 행동하는 경향이 강한 사람에게서 주로 보이는데, 계획성이 부족한 사람일수록 충동성이 높게 나타나지.

지금 당장 기분을 표현해야 하는데 재빨리 적당한 말을 선택하려니 깊이 생각하지 못하고 욕이 튀어나오는 거야. 욕을 들었을 때 '나를 막 대하는 것 같아'라는 생각이 드는 이유도 상대가 생각 없이 함부로 말한다는 느낌을 받았기 때문이야. 순간적인 감정에 지배되어 나를 배려하지 않고 욕을 했다는 느낌을 받는 거지.

남을 배려하고 싶다면 아무리 친한 사이라도 서로 대화할 때 한번 더 생각하고 욕을 좀 덜 해야겠지? 듣는 사람도 '아, 이 친구는 남을 배려할 줄 아네'라고 생각할 거야.

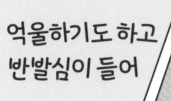

억울하기도 하고
반발심이 들어

인간은 사회적인 동물이라고 하잖아. 여기서 '사회'라는 말은 '공동생활을 하는 사람들의 조직화된 집단이나 세계'라고 정의할 수 있어. 사람들은 서로 협력하고 조화를 이루며 생활을 해. 무리를 지어 생활하려면 질서가 필요하고 이러한 질서를 유지하기 위해 지도자를 선출해야 하지.

그래서 사회에는 지위라는 게 생기게 돼. 모두 같은 구성원이지만 사회가 잘 유지되도록 이끌어 나가는 사람이 있고, 다른 구성원들은 자기에게 주어진 역할을 소화해 내야 하지.

와, 오소리 선배님! 진짜 멋지다.

쉽지? 이렇게 하면 돼!

ON- AIR

머뭇—..

방송반에 선발되어 방과 후마다 장비 사용법을 배우고 있는 식빵이.

어제 분명히 카메라 조작 방법을 배웠는데 막상 선배가 시키니 허둥거렸어.

아, 진 답답하네. 어제 말해 준 걸 까먹었냐? 그 머리로 방송반을 어떻게 하냐? 쓰, 이번 기수 망했네.

아오! 답답해

정말 너무해.

방송실

방송반 규칙
1. ~~~~
2. ~~~~
3. ~~~~

그런 식빵이에게 선배는 비아냥대며 냅다 욕을 했어.

선배라고 당연히 욕할 수 있는 건 아니지

학교 동아리 같은 곳에서는 서열 관계를 종종 볼 수 있어. 동아리 회장은 보통 선배들이 맡잖아. 선배들은 나보다 1~2년 먼저 학교에 들어와서 교육을 받고 엄격한 조직의 규율을 익혔어. 그러니 선배가 리더로 선출되는 건 어찌 보면 당연한 일일지도 몰라. 그래서 '지위, 나이, 덕행, 경험 등이 자기보다 앞서거나 높은 사람'을 '선배'라고 대접해 주는 것 아니겠어? 그런데 나보다 나이가 많거나 지위가 더 높다고 해서 쉽게 욕을 한다면 어떤 기분이 들까?

선배니까 당연히 욕할 수 있다고 생각하고 나의 기분은 아랑곳하지 않아도 될까? 네가 식빵이라면 선배의 욕을 듣고 어떤 기분이 들지, 어떻게 반응을 할지 생각해 봐. 내가 만약 식빵이라면 이런 기분이 들 것 같아.

🍪 나를 멍청하다고 생각하는 것 같아. 그럼 애초에 나를 왜 뽑은 건데?

🍪 본인은 알고 있는 게 많다고 잘난 척하는 건가.

🍪 자기는 처음부터 잘했나?

🍪 한 번의 잘못으로 사람을 깎아내리고 있어.

아직 들어온 지 얼마 안 돼 방송 장비가 낯설고 조작이 서툰 식빵이에게 욕부터 하다니! 이 선배는 자기의 역할을 정확히 모르는 거 아닌가 하는 생각도 들어. 선배는 후배가 방송반에 잘 적응할 수 있도록 이끌어 줘야 하잖아. 선배라는 이유로 말을 막 하거나 고압적인 태도를 보여서는 안 되지.

물론 선배 입장에서는 가르쳐 준 걸 금방 까먹은 식빵이가 한심해 보일 수도 있어. 하지만 '아직 들어온 지 얼마 안 돼서 적응할 시간이 더 필요한가 보다'라고 너그럽게 생각해 줬더라면 더 좋지 않았을까? 아니면 "이제는 메모한 걸 보고 복습하면서 좀 더 노력해 줘"라고 부드럽게 말했다면 어땠을까? 선배라고 해서 후배를 무시하거나 후배에게 거칠게 말해도 되는 건 아니잖아.

하는 모습이 하도 답답해서

누군가를 평가할 때는 객관적인 기준을 세우고 그 기준에 합당한지 확인해야 해. 그런데 선배는 신입인 식빵이를 마치 숙련자인 것처럼 평가했어. 더욱이 감정에 치우쳐서 욕을 하니까 받아들이는 사람도 감정이 상할 수밖에 없지. '내가 잘못했다고 해도 욕을 이렇게까지 해야 하는 건가?' 싶고 말이야.

이렇게 공격적인 태도로 상대를 대하면 설득력이 있을 리 없지. 본인의 위치를 과시하기 위해 하는 행동이라는 생각밖에 들지 않아. 감정적으로 대응하는 선배를 보면 잘 따라야겠다는 생각보다 멀리해야겠다는 생각이 들잖아. 선배라는 위치가 특권은 아닌데 말이야.

선배라고 욕을 앞세워 비난하는 것은 금물! 당연히 더 나은 방향으로 의견을 제시해 주어야 하지 않겠어? 그래야 무슨 일을 시키더라도 후배인 나는 기분 상하지 않고 기꺼이 맡아서 하고 싶어질 거 같아.

어떤 사람들은 본인에게 작은 권한이 주어지면 남보다 잘났다고 우쭐대면서 권력을 엉뚱하게 행사하기도 해. 리더라면 누구보다 구성원을 배려해야 하는데도 그걸 잊어버리고. 누구나 단체의 일원으로서 동등하다는 것을 잘못 이해하고 있나 봐. 그러니 말을 함부로 하는 거겠지.

무릇 권한이란 단체의 질서를 유지하는 데 사용해야 하는 법. 식빵이가 그 질서를 파괴할 만큼 잘못한 건 아니잖아? 무엇보다 욕을 하고 들으며 서로 얼굴을 붉히는 것은 문제 해결에 아무 도움이 되지 않아. 동아리 구성원에게 욕을 하는 게 동아리의 단결에 도움이 될지, 오히려 방해가 될지를 생각해 봐.

무시당한 기분이야

이번에는 반대로 생각해 봐. 윗사람이 아랫사람에게 욕을 듣는 거야. 후배가 선배에게 욕을 한다면 어떤 기분이 들까? 후배가 나에게 욕을 했다면! 생각만 해도 피가 거꾸로 솟고 황당하지? 구체적인 상황을 상상해 보면 아마 더 복잡한 감정이 들 거야. 나보다 윗사람에게 욕을 들었을 때보다 감정의 동요가 더 클 수밖에 없어.

앞의 이야기에서 선배에게 욕을 듣는 상황을 상상하며 '난 현명하고 다정한 선배가 될 거야!'라고 다짐했는데, 후배에게 욕을 들어도 현명하게 대처할 수 있을지 생각해 봐.

식빵이와 시바견은
방과 후 축구 수업을 들어.

후배들도 함께하는 수업이지.
하루는 팀을 나누고 경기를 했어.

그런데 자꾸 후배들이 식빵이에게
공을 주지 않는 거야.

야! 여기!!
나한테 공 줘!

식빵이가 소리쳤어.

식빵이가 공을 잡고 가다가
상대편에게 빼앗겨 버렸어.

식빵이가 몇 번이나 공을 빼앗기자
후배들이 더 이상 공을 주지 않는 거야.

화가 난 식빵이는 경기가 끝나고
시바견이랑 후배들에게 갔어.

그러자 후배들이 대답했어.

대답을 하고 돌아서던 후배가
혼잣말을 하는 게 들렸어.

후배의 말을 들은 식빵이는 얼굴이 후끈거렸어. 오늘따라
자꾸 공을 뺏긴 것도 짜증나는데 후배 태도 때문에 짜증이 더 나.

후배가 건방지게 욕이라니!

아마 이런 일을 겪은 친구들이 많지는 않을 거야. 우리나라는 예의를 중요시하잖아. 어릴 때부터 나이가 더 많은 사람이나 선배에게는 예의를 지켜야 한다는 말을 많이 들었지? 어릴 때 형이나 누나오빠나 언니와 싸웠던 순간을 떠올려 봐. "형한테 그렇게 말하면 안 돼!", "언니한테 그런 행동하는 거 아니야!"라며 혼난 적 없어? 그렇게 우리는 어릴 때부터 윗사람에게 예의 바르게 행동해야 한다고 배웠어. 그래서 동생이나 후배 같은 아랫사람보다 윗사람에게 욕하는 게 더 어렵지. 물론 예절은 서로가 함께 지켜야 하지만.

감히 선배한테 욕을 하다니! 혼잣말이라 해도 욕을 한 사실은 변하지 않잖아. 만약 나라면 이런 상황에서 기분이 어떨지 생각해 볼까?

꽃 후배가 어디서 대들어.

꽃 어이없네. 이걸 어떻게 잡지.

꽃 뭘 잘했다고 말대꾸야.

꽃 이게 어디서 욕을 하고 있어.

꽃 지금 나한테 욕한 거야? 가만두지 않겠어!

나보다 나이도 어리고 경험도 부족한데 위아래 없이 함부로 말하는 후배가 있다면 나는 기분이 상해서 얼굴이 붉으락푸르락해질 거야. 그런데 후배가 험한 욕까지 하는 기막힌 일이 벌어졌어. 후배는 어떤 마음으로 욕을 한 걸까?

잔소리나 꾸중처럼 싫은 소리를 들으면 기분이 안 좋잖아. 좋은 소리도 여러 번 들으면 질린다는데 듣기 싫은 소리를 들으면 당연히 기분이 좋지 않겠지. 그럴 때는 표정이나 태도에 기분이 직접적으로 드러나기도 해.

더욱이 후배가 나에게 욕을 했다면 건방지다는 생각에 화가 많이 날 거야. 무시당한다는 기분을 떨쳐 버릴 수가 없고, 나에게 욕을 해도 괜찮다고 생각할 만큼 나를 만만하게 보나 하는 생각도 들거야. 무시당하는 기분이 드니 속상하고 자존심 상하는 건 당연하고.

고운 말을 듣고 싶다면 나부터!

앞의 만화에서 식빵이는 경기 중에도 화가 나 있었으니 후배를 우호적으로 보지는 않았을 거야. 그런데 후배가 욕까지 하면서 대드니까 기분이 확 나빠질 수밖에 없겠지.

사실 우리는 말할 때 로봇처럼 정보만 전달하기는 어려워.

상대방이 내가 하는 말에 어떻게 반응하는지도 신경이 쓰이지. 나에게 호감이 있을까, 내 말이 긍정적으로 들릴까, 나를 이해해 주는 걸까, 오해하지는 않을까 등등. 우리는 여러 생각을 쉼 없이 하면서 주변 사람들과 소통하고 있어.

'가는 말이 고와야 오는 말이 곱다'는 말도 같은 맥락이라 생각해. 사람은 말을 하지 않고 살기는 어려워. 집에 콕 박혀서 아무하고도 만나지 않고, 전화나 인터넷도 하지 않으면서 지낼 수는 없잖아. '웃는 얼굴에 침 못 뱉는다'는 말이 이럴 때 딱 떠오르지 않아? 내가 먼저 싫은 소리를 하면 상대도 부정적인 태도로 반응할 거야. 식빵이와 후배처럼 말이지. 그 부정적인 태도에 나는 더 화가 날 거고, 어쩌면 욕이 나올지도 몰라. 내가 하지 않더라도 상대가 욕을 할 수도 있지.

내가 무시당하는 기분에 마음이 상한 것처럼, 혹시 내가 먼저 상대를 무시하듯 말하는 것은 아닌지 생각해 보고 말을 건네 봐. 처음에는 말하기 전에 생각할 시간을 갖는 게 낯설고 어렵겠지만 연습하다 보면 익숙해질 거야.

누군가와 갈등을 해결하고 싶다면 먼저 내 감정이 격해져 있지는 않은지 돌아보는 것도 하나의 방법이야. 듣는 사람을 고려해서 차분히 말한다면 욕이 섞이지 않을 거야.

너무 답답하고
숨 막혀

서로 함께한 시간이 쌓일수록 서로를 많이 알게 되지. 좋아하는 것, 싫어하는 것은 물론 성격의 장단점까지. 말하지 않아도 내 기분을 알아주는 오랜 친구를 보면 알 수 있잖아.

그런데 가끔 매일 함께하는 가족은 나를 잘 알면서도 잘 모르는 것 같아. 부모님은 왜 항상 내가 듣기 싫은 소리만 하는 걸까? 나를 살뜰하게 키워 주셔서 나보다 더 나를 잘 아실 텐데도, 내가 싫어하는 소리만 하실 때면 정말 속상하지. 가끔은 부모님도 거칠게 말하실 때가 있잖아. 그럴 때 너의 기분이 어떤지 차분히 느껴 본 적 있어?

힘든 하루를 보낸 허스키는 잠깐 쉬었다가
공부를 해야겠다고 생각하고 있었어.

허스키가 휴대 전화를 막 집어 든 순간,
엄마가 문을 벌컥 여시는 거야.

허스키는 당황했어.

허스키! 또 그 망할 놈의 게임하고 있지!
엄마가 공부부터 하라고 몇 번을 말해!

아니, 조금만 쉬고 하려고 했어!

시바견은 이번에 영어 백 점 맞았다며?
너 이놈의 자식 도대체 생각이 있어 없어?

엄마는 숨 돌릴 틈도 없이
허스키에게 쏘아붙이셨어.

아, 머리 아파.
대답하기도 지친다.

엄마한테 더 얘기해 봤자
잔소리만 더 들을 테니,
아무 대꾸도 하지 않았어.

내 마음 좀 알아줘요

아마 자신의 기분을 진지하게 들여다본 친구는 거의 없을 거야. 방문을 걸어 잠그듯 부모님을 향한 마음의 문을 닫고 입도 꾹 닫고 있었을 테니. '엄마, 아빠는 날 이해하지 못해!'라는 생각으로 화만 내고 있었을지 모르고. 아니면 그냥 "아, 또 그 잔소리!" 하고는 바로 이어폰을 꼈을 수도 있지.

부모님은 왜 그렇게 거친 말을 하신 건지, 그때 내 마음은 어땠는지 한번 생각해 볼까? 내 기분과 부모님의 생각을 정확히 알게 되면, 부모님에게 "그렇게 말하지 말고 이렇게 말해 주세요"라고 네 생각을 전달할 수 있을 거야.

만화 속 허스키의 상황 익숙하지 않아? '나도 저런 적 많았어!'라는 생각에 반갑기도 할 거야. 부모님과 싸운 이야기를 다른 친구들에게 할 때면 친구들도 격하게 공감하곤 하지. "맞아! 우리 부모님도 그러셔", "헐. 내 이야기하는 줄!" 등등. 부모님 마음은 다 똑같다는 말이 있던데, 잔소리도 똑같고 다들 거친 말도 하시는 걸까?

물론 부모님이 자식을 아끼고 걱정하는 마음은 다 똑같지. 그래서 친구들도 모두 비슷한 잔소리를 듣고, 부모님과 싸우는 내용도 비슷하고. 하지만 모든 부모님이 잔소리를 하거나 혼낼 때 거친 말을 하시는 건 아니야. 아마 그럴 때 부모님이 하는 욕은 비교적 강도가 낮은 욕일 거야. "이놈의 자식"처럼 말이야. 강도가 낮다고 해도 기분이 좋을 수는 없지만! 만약 혼낼 때 욕을 하는 부모님이 계시다면, 그건 분명 부모님이 고쳐야 해. 아무리 어른이라고 해도 욕하는 건 좋은 언어 습관이 아니니까.

부모님의 말을 잘 듣는 아이가 되면 정말 의미 있는 인생을 사는 걸까? 부모님은 내가 좋은 대학에 가고, 좋은 직장에 다니는 것이 인생의 목표라고 생각하는 것 같아. 내가 걱정된다면 내 마음부터 알아주셨으면 좋을 텐데, 그치?

부모님이 내 마음을 모르신다면 직접 솔직한 감정을 전해 보면 어때? 감정적으로 행동하면 마음이 전달될 수 없으니, 내 마음을 최대한 정확한 감정 언어로 전달해 보는 거지. 그럼 우선 잔소리나 욕을 들을 때 어떤 생각이 드는지 알아야겠지?

✿ 엄마, 아빠가 나한테 해 준 게 뭐야.
✿ 내가 알아서 한다니까요.
✿ 아, 또 시작이네.
✿ 허구한 날 공부 타령이야.
✿ 엄마, 아빠 전교 1등이었어?

이렇게 생각을 정리해 보니 기분이 파악되지? 가장 크게 느끼는 기분은 답답함! 숨이 막힐 정도로 답답할 때도 있었을 거야. 날 좀 믿어 달라고 말하고 싶기도 할 거고. 이제 내 기분은 알았으니 부모님은 왜 그렇게 말했을지 생각해 볼까?

나 참! 내가 걱정돼서 하는 말이라고요?

부모님도 답답해서 우리에게 잔소리도 하고 욕도 하시는 걸 거야. 부모님은 우리가 잘되기를 바라시잖아. 그러려면 부지런히 노력해야 한다고 생각하는데, 이미 그 과정을 겪은 부모님이 보기엔 우리의 노력이 조금 부족해 보이시나 봐. 노력하는 시간보다는 친구와 보내거나 게임을 하는 시간이 더 많다고 생각하실지도 모르지. 그러니 부모님 입장에서는 답답할 수도 있어.

그렇지만 우리 입장에서는 부모님이 내 마음을 몰라주니까 부모님 말이 귀찮게만 느껴져. '나만 부모님한테 맞춰야 하나, 부모님도 나한테 좀 맞춰 줘야 하는 게 아닌가' 하는 생각이 드는 것도 사실이고.

무엇보다 부모님이 내뱉는 험한 말은 나를 걱정해서 하는 말처럼 들리지 않잖아. 부모님이 내가 성인이 되었을 때 안정적인 삶을 살기를 바라시는 건 알겠어. 분명 나를 위해 하는 잔소리인데, 나는 왜 이렇게 듣기 싫고, 서운하고, 답답한 걸까? 어쩌면 나도 미래를 알 수 없어 불안하고, 내가 무엇을 하고 싶은지, 어떤 걸 준비해야 할지 몰라서 답답해 그런 걸지도 몰라. 나도 불안하고 답답한데, 부모님까지 나에게 잔소리를 하시니 더 답답한 마음이 되는 거지. 이럴 때 같이 화를 내면 상황이 더 나빠질 뿐이니까 아예 대꾸를 안 하는 친구도 있을 거야.

그런데 피한다고 문제가 해결될까? 앞으로도 잔소리 속에 거친 말이 섞일지 모르고, 그럴 때면 더욱 괴로워질 텐데. 그러니까 먼저 솔직하게 말하면 좋을 것 같아. "엄마, 아빠가 그렇게 말씀하시면 저는 이런 기분이 들어요"라고 말이야. 부모님이 나를 위해서 얘기하시는 건 알지만 나를 믿고 지켜봐 주시면 좋겠다고 말이지. 그리고 중요한 건 믿음직한 행동으로 보여 드려야 한다는 거야.

물론 말한 대로 다 지키기는 어려울 수 있어. 그러니 너무 거창한 계획 말고, 실천할 수 있는 작은 일부터 해 나가는 거지. 이렇게 서로의 속마음에 귀를 기울이면서 서로를 이해하려는 태도로 노력한다면 험한 말이 오가는 일은 분명 줄어들 거야.

3부

욕 대신
이렇게!

별명 지어 주고
이름 불러 주고

어때? 앞의 이야기에서 욕하는 나의 마음과 욕 듣는 나의 진심을 들여다볼 수 있었어? 다들 나름의 이유로 욕을 했지. 허스키는 화나고 짜증나서, 식빵이는 장난으로 욕을 했어. 또 강해 보이고 싶거나 욕하는 친구에게 맞대응하려고 욕을 하는 친구도 있었지. 그렇지만 욕을 듣는 사람의 마음을 헤아리고 나니 어때? 이제는 욕 대신 다른 말을 쓰고 싶다는 생각이 들지 않아? 욕이 아닌 다른 말이 떠오른다면 욕을 줄일 수 있겠다는 생각도 들고 말이야. 이제부터는 그 이야기를 해 보려고 해.

내가 그의 이름을 불러 주었을 때 그는 꽃이 되었다

허스키나 시바견 모두 갓 태어났을 땐 아주 귀여운 아기였을 거야. 본래 태어난 지 얼마 되지 않은 동물의 아기를 가리키는 말이 바로 '새끼'거든. 토끼 새끼, 수달 새끼, 캥거루 새끼. 떠올리기만 해도 무척 귀엽지? 그래서 할머니, 할아버지께서는 어린 손주에게 "아이고, 눈에 넣어도 안 아픈 내 새끼"라고 하시는 거야. 우리가 어린 강아지나 고양이를 보면 눈에 하트가 뿅뿅하게 되잖아. 조부모님도 우리에게서 사랑스러운 감정을 느끼며 그리 표현하시지.

하지만 자기 자식이 아닌 사람을 동물의 어린 것에 빗대어 말하는 것은 그 사람을 얕잡아 보거나 욕되게 하려는 행동이야. 나와 함께 웃고, 떠들고, 밥 먹고, 게임하는 친구들을 부를 때 쓸 말은 아니지.

그렇다면 새끼를 뭐라고 부르면 좋을까? 여기서 잠깐 김춘수 시인의 〈꽃〉이라는 시를 감상해 봐.

내가 그의 이름을 불러 주기 전에는
그는 다만
하나의 몸짓에 지나지 않았다.

내가 그의 이름을 불러 주었을 때
그는 나에게로 와서
꽃이 되었다.

　나의 관심 밖에 있던 어떤 사람을 향해 그의 이름을 불러 주었더니 그 사람이 나를 미소 짓게 하는 꽃이 되었다는 거지. '꽃이 되었다'는 건 무슨 의미일까? 꽃은 주변을 아름답게 만들고, 바라만 봐도 기분이 좋잖아. 그래서 소중히 여기고 싶은 마음을 불러일으키지. 누군가가 나에게 그런 꽃이 된다는 건 이처럼 소중한 존재가 된다는 의미이지 않을까? 이름을 부르는 것만으로도 다른 사람이 꽃 같은 존재가 된다니. 정말 놀랍지 않니?
　'통성명'이라는 말 들어 봤어? 우리는 누군가를 처음 만나 자기소개를 할 때 가장 먼저 이름을 말해. 이름을 말해 주어야 상대방이 나를 제대로 상대해 줄 수 있거든. '나'라는 존재가 세상 속에서 존재감을 가지는 것도 이름이 있기 때문이야. 누구와도 다른 나를 알려 주는 것이 바로 이름이라 할 수 있지. 그건 나뿐만 아니라 다른 사람도 마찬가지야. 세상에서 가장 소중한 건 나와 너, 얘, 쟤, 걔 모두거든. 너는 수진, 얘는 은호, 쟤는 나영, 걔는 민우라고 이름을 불러 주는 건 상대를 소중하게 여기는 첫걸음이 될 거야.

소중한 가족도 마찬가지야. 엄마, 아빠, 동생, 언니, 누나, 형, 오빠, 할아버지, 할머니, 삼촌, 고모, 이모 등등. 우리는 가족을 부르는 호칭이 너무도 익숙해서 늘 그렇게 부르지. 그러다 보니 가족에게도 각각의 소중한 이름이 있다는 것을 종종 잊는 것 같아. 가끔은 가족의 이름을 되새기고 기억하는 것도 잊지 않으면 좋겠어.

멋진 별명을 지어 주고 불러 주고!

이름을 불러 주는 것만큼 꽤 괜찮은 방법은 바로 별명으로 부르는 거야. 보통 별명은 사람의 생김새나 버릇, 성격 같은 특징을 살려 부르는 이름을 말해. 나는 절친을 '날다람쥐'라고 불러. 항상 재빠르게 움직이는 모습이 마치 날다람쥐 같아서야. 가끔 '날다람쥐'라고 부르는 게 길어서 그냥 '날다'라고도 해. 친구는 자신이 특별한 존재처럼 느껴진다며 별명을 마음에 들어 해. 그래서 '아, 별명을 불러 주는 것도 좋은 방법이구나' 하고 생각하게 되었지.

다른 사람의 별명을 지어서 불러 주는 건 참으로 즐거운 일이야. 별명을 지으려면 성격, 말과 행동, 개성과 특징을 세심하게 관찰해야 하거든. 그 사람에게 딱 어울리는 별명을 짓고 나면, 재미난 퀴즈나 퍼즐을 맞췄을 때의 쾌감이 있어.

주변 사람들이 가진 별명을 한번 떠올려 볼까? 예뻐서 '예쁜이', 운동을 좋아해서 '운덕운동 덕후', 마음이 넉넉하고 귀여우면 '곰돌이 푸' 등등. '시고르자브종'도 얼마나 멋진지 몰라. 시골에서 태어난 잡종견을 이렇게 부드럽게 부르니 더 귀하고 사랑스럽게 느껴지는 것 같아.

너는 다른 사람의 별명을 지어 준 적 있어? 아니면 다른 사람이 너의 별명을 지어 준 적은? 그중 네 마음에 드는 별명이 있다면, 별명으로 불리는 게 애정이 듬뿍 느껴진다는 것도 알거야. 그러니 이제 '야', '새끼', '이놈아', '이년아'처럼 친구를 거칠게 부르지 말고, 발랄하고 상큼한 별명을 지어서 불러 주자.

단, 주의할 게 있어. 되도록 긍정적인 의미를 담은 밝은 어감의 별명으로 불러야 해. 부정적인 어감은 상대방에게 불쾌감과 상처를 줄 수 있거든. 잠을 내내 잔다고 '잠탱이', 몸이 둔하다고 '둔탱이'라고 불린다면 어느 누가 좋아할까? 친구 중에 안경을 쓰고, 체격이 조금 크고, 여드름이 난 아이가 있었거든. 다른 아이들이 자신을 '안여돼'라고 부를 때마다 우울하고 괴로웠다고 발표하는 걸 들은 적이 있어. 함께 즐겁자고 부르는 별명이 당사자를 아프게 해서는 안 된다는 것 잊지 마.

나의 생각과 감정을
중심에 놓고 말하기

욕을 한 번도 안 한 사람은 있어도 한 번만 한 사람은 없을 거야. 욕을 쓰면 내가 겪은 상황과 감정을 잘 전달해 준다고 착각에 빠지기 때문이지. 그래서 욕을 습관적으로 쓰게 돼. 내 감정을 실감나게 전해 주고 싶어서. 그런데 우리가 무심코 쓰고 있는 욕이 상황이나 감정을 향하는 것이 아니라, 상대방을 향하고 있다는 게 문제야. 나도 모르는 사이에 내 욕 때문에 상처를 받는 사람들이 생길 수 있거든.

욕 안에 숨어 있는 '비밀의 말'

앞에서 얘기했던 댄스팀의 리더 이야기를 다시 볼까? 왜 똑같은 내용을 다시 보여 주냐고? 이 욕에 숨어 있는 '비밀의 말'을 함께 찾아보려고!

너는 지금 수십 명의 팀원을 이끌고 있는 댄스팀의 리더야. 너의 팀은 댄스 경연 프로그램에 참가 중이고 곧 중요한 경연을 앞두고 있지. 여기에서 좋은 결과를 얻지 못한다면 너의 팀은 탈락하게 되고, 더 이상 무대에 설수 없게 돼. 좋은 결과를 얻으면 당연히 결승전에 진출할수 있어.

그래서 이번 경연을 위한 최종 리허설을 진행하고 있는데, 한 팀원이 자꾸만 동작을 틀려. 그 팀원 때문에 이번 무대의 전체적인 완성도가 떨어지는 것 같아서 너는 그 팀원에게 자꾸만 짜증이 나려고 해.

이 상황에서 아래와 같은 말을 떠올린 친구들이 많다는 걸 이미 확인했지?

🦠 씨발, 그것도 춤이라고 추냐?

🦠 와, 존나 못 추네.

🦠 하, 그렇게 출 거면 그만둬.

위의 문장들에는 사실 숨어 있는 표현이 있어. 그게 무엇인지 찾아볼래? 잘 모르겠다고? 괜찮아, 나도 처음에는 발견하지 못했으니까! 그럼 힌트를 줄게. 저 말들이 '누구'에게 하는 말인지, '누구'를 향하고 있는지를 생각해 보면 돼.

답을 찾았어? 맞아. 저 말들은 내 욕을 듣고 있는 '상대방'에 게 하는 말이지. 그러니까 '비밀의 말'은 바로 '너는'이야. 위에서 살펴본 문장에는 사실 아래와 같이 '너는' 또는 '너'라는 말이 숨어 있어.

🦠 씨발, (너는) 그것도 춤이라고 추냐?

🦠 와, (너는) 존나 못 추네.

🦠 하, (너는) 그렇게 출 거면 그만둬.

이처럼 우리가 평소에 사용하는 많은 욕 속에는 상대방을 가리키는 '너는'이라는 말이 숨어 있어. 그러니까 욕을 들은 사람은 기분이 상할 수밖에. 자신을 저격한 것이나 다름없으니까!

누구나 다른 사람이 자신을 이러쿵저러쿵 평가하는 것에 민감해. 특히 부정적인 평가일 경우에는 더 속이 상하고 상처를 받지. 아마 누구나 그런 경험이 있을 거야. 내가 속해 있는 댄스 팀의 리더가 나의 춤 실력을 부정적으로 평가하고, 나를 무시하면 어느 누가 기분이 좋을 수 있겠어. 리더가 춤을 잘 못 추는 사람의 사기를 북돋아서 그의 능력을 이끌어 낼 의도로 욕을 했다 하더라도, 욕을 들은 상대방이 그렇게 느끼지 않았다면 잘못된 방법이 아닐까?

이쯤에서 너는 의문이 들 수도 있어. '아니, 화가 나는데 상대방에게 내 생각을 표현하지 말고 그냥 참으라는 소리야?'라고 말이야. 결코 그렇지 않아! 참기만 하는 것도 좋은 관계를 유지하는 데는 도움이 되지 않거든. 다만 너의 짜증과 분노를 욕으로 표현했을 때 분위기가 험악해질 수도 있으니, 욕 말고 다른 방법을 사용해 보면 어떠냐는 거지. 그 방법이 무엇이냐고? 자, 내 얘기를 조금 더 들어 봐 줘.

'너' 말고 '나'를 중심에 놓고 말했을 때의 기적

사실 상상 더하기에 나오는 이야기는 한 예능 프로그램에서 나온 장면이었어. 실제 그 댄스팀의 리더는 팀원에게 어떻게 말했는지 궁금하지? 놀랍게도 그 리더는 팀원에게 욕을 하거나, 팀원의 실력을 함부로 낮게 평가하지 않았어. 그럼 뭐라고 말했냐고?

"○○아, 무겁다! 발이 무겁기만 한 게 아니라 노래보다 느리잖아. 나 너무 속상하잖아."

리더는 팀원의 춤을 보고 문제점을 객관적으로 설명하고 있어. 이때 팀원에게 욕을 하지 않고, 팀원의 춤을 보면서 자신이 느낀 생각과 감정을 표현했어. 조금 더 자세히 말하자면 "씨발 (너는) 그것도 춤이라고 추냐?"처럼 '너'를 평가하거나 판단하지 않고, "나 너무 속상하잖아"처럼 '나'의 생각과 감정을 중심에 놓고 이야기하고 있는 거지.

우리는 종종 화가 나게 된 근본적인 이유는 덮어 두고, 다른 사람을 비난하는 방식으로 감정을 표현하곤 해. 그 과정에서 쉽게 욕을 쓰기도 하지.

사실 우리가 욕을 하는 근본적인 이유는 매번 다르잖아. 어떨 때는 속상하고 서운한 감정 때문에, 어떨 때는 화가 나서, 또 어떨 때는 민망하고 부끄러운 감정이 들어서 욕을 하지.

그러니까 대체 내가 왜 화가 나고, 왜 짜증이 났는지 그 이유를 상대방에게 솔직하게 표현한다면 상대방이 나의 감정을 이해해 줄 수 있을 거야. '아, 저 사람은 그렇게 느낄 수 있었겠다' 또는 '저런 이유 때문에 나한테 화가 났나 보네' 등등. 상대방이 이해할 수 있도록 내 감정을 이유와 함께 표현한다면, 내가 느낀 부정적인 감정들을 표현하면서도 갈등을 잘 해결할 수 있다는 거야.

반대로 내가 왜 이렇게 화를 내는지 그 이유를 말해 주지 않고, 상대방에게 욕을 하며 부정적인 감정을 마구 쏟아 내기만 하면 상대방은 그저 당황스럽고 기분만 상할 거야.

다들 그런 경험 한 번쯤 해 봤잖아. 선생님께 혼이 나더라도 그 이유가 납득이 되면 기분이 많이 상하지 않고 받아들이게 되는데, 그렇지 않을 때는 그저 억울하고 화나지. 다른 사람들도 나와 마찬가지라는 거야.

그러니까 이제부터 감정을 솔직하게 말하는 습관을 길러 봐. 그러면 욕을 쓰지 않고도 화가 나는 수많은 상황을 해결할 수 있을 거야.

앞에서 설명한 말하기 방법은 '나'를 중심에 두고 말한다는 의미에서 '나-전달법'이라고 해. '나-전달법'을 실천하는 방법을 조금 더 자세하게 말해 줄게.

먼저 자신이 문제라고 느낀 상대의 행동이나 상황이 무엇인지 정확하게 파악하고, 이것만 가지고 이야기해야 해. 이때 감정적으로 상대를 비난하거나 탓하지 않고, 문제라고 느낀 상대의 행동이나 상황만을 언급하는 것이 중요해.

다음으로 그러한 상대의 행동이나 상황을 통해 자신이 어떠한 감정을 느꼈는지를 솔직하게 얘기해야 해. 그리고 이러한 감정을 반복적으로 경험하지 않기 위해 상대가 어떻게 행동하면 좋겠는지, 자신의 기대를 구체적으로 표현하는 거지. 그래야 같은 문제 상황이 발생하지 않을 테니까.

다만 상대가 들어 줄 수 있는 수준에서 행동의 변화를 요구해야 해. 만약 너무 무리한 변화를 요구하면 상대방은 자신의 행동을 바꾸어 보려는 시도조차 하지 않고 포기할 수 있거든.

이렇게 '나-전달법'을 잘 활용한다면, 대화에서 갈등이 발생할 때 문제를 더 크게 만들지 않고 해결할 수 있어. 그래서 갈등을 관리하는 것은 물론이고 상대방과 관계도 더 좋은 쪽으로 끌어갈 수 있지.

앞으로는 화가 나거나 속상할 때 등 부정적인 감정이 느껴질 때, '나-전달법'을 잘 사용해서 갈등 상황을 해결해 보는 것은 어떨까?

나만의
만능 말 찾기

혹시 어른들 앞에서 습관적으로 욕이 나와 당황했던 적 없어? 어른들 앞이라 조심하려 했는데 갑자기 웃긴 이야기를 들었거나 짜증이 나서 너도 모르게 욕이 나온 적 말이야. 욕을 자주 쓰는 친구들과 있을 때는 욕이 감정을 표현하는 수단에 불과하지만, 때로는 욕을 했다는 그 자체만으로도 야단을 듣거나 벌을 받기도 하지. 그럴 때 욕 대신 만능으로 쓸 수 있는 말이 있다면 좋지 않을까? 그 말을 우리 함께 찾아보자고.

ㅆ ㅂ, ㅈ ㄴ가 만능의 말이라고?

우리가 여기저기 많이 쓰는 최애 욕, 그야말로 입에 착착 감기는 욕 '씨발'을 생각해 봐. 어떤 상황에서도 쓸 수 있는 만능의 말 같지 않아? 소리만 듣고도 어떤 감정으로 내뱉은 욕인지 알 수 있을 정도니까. 두 글자의 욕일 뿐이지만 억양에 변화를 주면 모든 감정을 표현할 수 있어.

네가 자주 쓰는 말에도 아마 욕이 한두 개는 들어가 있을걸? 욕을 하니 통쾌해서 조금씩 욕 사용 빈도를 늘리다가 결국 욕이 만능의 말로 자리 잡은 거지. 그런데 아무리 만능의 말이라도 욕을 쓸 수 없는 상황이 있잖아? 이게 모순이지. 그렇다면 정말 어떤 상황에서든 사용할 수 있는 만능의 말은 없을까?

'씨'의 한자는 2개, '발'의 한자는 55개!
이 둘의 조합으로 만들 수 있는 '씨발'
은 110개!
우리가 쓰는 '씨발'은 그보다 더 다
양한 상황에서 쓰는 거 아닐까?

경상도나 전라도에서는 '쫌', '마', '아따', '거시기' 같은 말들을 만능으로 쓰기도 해. 정말 그 말이 아니면 표현이 안 될 때가 있어. 마찬가지로 '씨발'이나 '존나'를 써야만 하는 상황이 있을 수밖에 없다고 생각할지도 몰라. 이 욕들 대신 내 나름대로 욕을 만들어 쓴다고 해도 어쩌면 듣는 사람 입장에서는 더 기분이 나쁠 수도 있고.

네가 친구와 장난을 친다고 상상해 봐. 아래 말에서 어떤 게 더 모욕적일 것 같아?

아마 오른쪽 말이 더 모욕적일 거야. 익숙하지 않은 표현이기도 하고, 구체적인 상황까지 상상하게 만드니 거부감이 더 많

이 드는 거지.

그런 면에서 '존나'도 비슷해. '존잘', '졸잼'처럼 '존-', '졸-' 등을 쓰는 친구라면 대부분의 상황에서 '존나'를 쓸 거라고 생각해. 정리하자면 감정이 격할 때 그 감정을 해소하기 위해 '씨발'과 '존나'라는 말을 쓴다는 거지. 네가 느끼는 감정이 엄청 격할 때, 이러한 욕 대신 다른 말을 쓰기도 하는지 궁금하네.

그런데 우리 천천히 생각해 보자. 우리는 '씨발', '존나'에 담긴 감정보다는 훨씬 더 풍부한 감정을 가지고 있을 거야. 우리가 느낀 다양한 마음을 단순한 욕으로 표현한다는 게 아쉽지 않아? 욕은 우리의 섬세한 감정을 표현하기에는 너무 거칠고 부족한 도구 아닐까 싶어.

네가 정말 화가 났던 때를 떠올려 봐. 친구들이 너를 놀렸을 때나 오해를 받아 억울했던 때 말이야. 그때 머릿속에서 '씨발', '존나' 같은 문자가 떠올랐을까?

'뭐야. 화나네! 씨발, 존나 짜증난다는 말을 꼭 해야겠어'라는 생각을 한 다음에 욕을 내뱉지는 않았을 거야. 아마 화가 난다던가, 억울하다던가, 속상하다는 생각이 먼저 들었을 거야. 감정이 너를 채운 거지. 욕은 화가 난 순간 너도 모르게 툭 튀어나왔을 거야. 욕이 감정을 표현할 자리를 대신 채우는 바람에 오히려 너의 감정은 단 몇 글자의 욕으로 축약되고 말았을 거고. 욕은 복잡하고 풍부한 감정을 담아낼 수 없으니까.

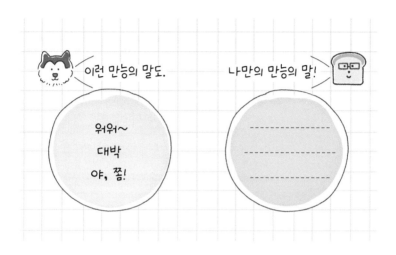

욕이 솔직한 표현을 이길 수 없지!

네 솔직한 마음을 '씨발', '존나' 대신 써 보는 건 어때? 화가 났으면 '나 화났어!', 기분이 좋으면 '기분이 좋아!', 아주 화났으면 '나 엄청 화났어!', 기분이 매우 좋으면 '정말 기분이 좋아!'라고.

표현이 너무 심심하다고? 물론 근사하게 꾸밀 수 있는 말을 쓰는 것도 좋지. '나 겁나게 화났어!', '찢어질 듯이 기분이 좋다!'

처럼 말이야.

'겁나게'는 보통 때보다 훨씬 더 그 정도가 심하다는 뜻이야. 전라도나 충청남도 일부 지역에서 쓰는 말이기도 해. '찢어지다'는 입이 귀밑까지 찢어질 정도로 기분이 좋을 때 쓰는 말이지. 욕을 한마디도 안 했지만, '씨발', '존나'와 같이 어감은 세면서 의미는 더욱 강한 느낌이지 않아?

'말'은 많은 사람이 사용해야만 사회에서 제 역할을 할 수 있어. '겁나게'와 '찢어지다'라는 표현은 우리가 많이 써 왔던 말이야. 다만 '씨발', '존나'가 의미도 소리도 더 강하게 전달되니까 욕으로 쓰이는 거지.

욕을 쓰는 친구들에게 욕을 쓸 때마다 벌금을 내라거나 벌칙을 수행하라고 하는 것은 과연 좋은 방법일까? 그런 방법은 욕을 하는 사람들이 스스로 자정 작용을 일으키는 것이 아닌 강제적인 방법으로 통제하는 것이라서 최선이라고 하기는 어려워.

이젠 우리가 스스로 고민하고, 어떤 말이 더 내 마음을 잘 표현하는지 찾아야 할 때야. '씨발, 존나 화나네!'와 '나 겁나게 화났으니까 건드리지 마라!' 중 어떤 표현이 더 좋을까? 네 감정에 귀 기울이고, 더 근사한 말을 직접 찾아보는 건 어때?

나만 쓰는 만능의 말을 갖는다는 건 참 멋진 일이잖아. 어떤 상황에서도 당황하지 않고 감정을 표현할 수 있으니 말이야. 그게 친구들과 공유되고 퍼지다 보면 일종의 유행이 되는 거야. 욕 대신 말로 내 감정을 표현하는 유행의 첫 시작이 너라면 얼마나 멋질까? 이 책을 다 읽을 때쯤이면 욕이 아닌 만능의 말을 찾을 수 있을 거야. 그러니 계속 이야기를 해 보자고!

여러 감정을 담은 부사 활용하기

주변에 말솜씨가 좋아서 사람들의 눈길을 끄는 사람이 있어? 나는 그런 사람을 보면 닮고 싶다는 생각을 종종 해. 말을 잘하니까 더 매력적으로 보이는 것 같거든. 아마 나와 같은 생각을 하는 친구들도 많을 거야.

그런데 하루아침에 말을 잘할 수는 없잖아. 그래서 친구들과 말을 할 때 적당한 표현을 못 찾거나, 무언가를 강조하고 싶을 때 일단 욕을 쓰는 거지. 그런 친구들을 위해 내가 찾은 말하기 비법을 알려 줄게.

강조를 할 때도 개성이 필요해!

오늘 하루만 돌아봐도 희로애락의 연속인 것 같아. 기뻤다가 화났다가, 슬펐다가 즐거웠다가를 반복하지. 너도 그렇다고? 맞아. 별일 아닌데도 오만가지 감정이 들어. 이럴 때마다 "졸라 좋아", "개싫어", "존나 짜증나"처럼 거친 욕을 발사하지. 이런 단순한 표현 말고 좀 다르게 말할 수 없을까?

욕쟁이 겨울이와 긍정의 아이콘 봄이가 평소에 쓰는 표현을 정리해 봤어. 같이 볼까?

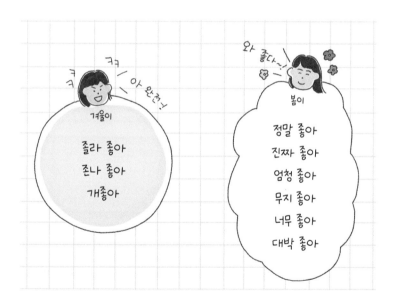

어때? 겨울이도 좋은 기분과 만족감을 드러내고 있지만, 가벼운 느낌을 떨칠 수가 없지. 반면 봄이는 감정이 풍부해 보여. '정말', '진짜', '엄청', '무지', '너무'와 같은 다양한 부사를 쓰고 있을 뿐만 아니라 '대박'이라는 발랄한 표현으로 '좋아'를 꾸미고 있어. 부정적인 마음을 드러낼 때도 마찬가지야.

차이가 느껴지지? 겨울이처럼 욕으로 꾸민 표현은 들을 때는 느낌이 팍 오지만, 겨울이의 힘든 마음보다는 욕이 더 귓가에 맴돌아. 반면, 봄이는 정말 다양하게 자신이 힘들다는 표현을 하고 있지.

잘 생각해 보면 우린 매일 다양한 감정을 느껴. 이런 여러 감정을 좀 더 다채롭게 표현하면 좋지 않을까? '졸라', '개-'만이 아니라 '되게', '너무', '진짜', '정말', '무지', '엄청'과 같은 말로 내 마음의 정도를 표현하는 연습을 해 봐. 어느 순간 내 마음을 다양하게 표현할 수 있을 거야.

욕으로 뭉뚱그리지 말고 구체적으로 표현해 봐!

'씨발', '존나'와 같은 표현을 '정말', '너무', '진짜'와 같은 표현으로 바꾸면 내 감정이 있는 그대로 전달되는 것 같지 않다고? 욕으로만 표현할 수 있는 특유의 느낌이 있다는 말을 하고 싶은 거지? 친구들은 다 욕하는데 나만 다른 말을 쓰면 튈 것 같다고? 말은 한 사람의 인성을 파악하는 중요한 요소야. 단순한 욕으로 감정을 표현하고 튀지 않기 위해 욕을 했을 뿐인데, 누군가 나를 인성이 나쁜 아이라고 평가하면 속상하지 않을까?

욕으로'만' 강조해 왔던 나의 긍정적인 감정을, 다른 방식으로도' 표현할 수 있다면 어떨 것 같아? 그게 어떻게 가능하냐고? 세상에 마음먹으면 불가능한 일은 없어. 찾아보면 다 방법이 있지. 앞에서 나왔던 상상 더하기 이야기를 다시 한번 볼까?

자, 일단 너의 '최애'를 머릿속에 떠올려 봐. 떠올렸다고? 좋아. 그럼 이야기를 시작할게.

너는 지금 연말 시상식을 보고 있어. 너의 최애 연예인도 당연히 참석했지. 그런데 너의 최애가 연말 시상식에 걸맞게 화려한 의상을 입고, 무대에서 멋진 모습을 보여주는 거야! 정말이지 두고두고 기억될 역대급 영상이 나온 것 같단 말이지. 이 모습을 생방송으로 보고 있던 너는 친한 친구에게 바로 메시지를 보냈어. 최애의 멋진 모습을 얼른 말하고 싶어졌거든.

그래, 너의 최애 연예인은 그날 분명 너무너무 빛났을 거고 너는 그 모습을 다른 사람에게 널리 알리고 싶었을 거야. 그렇다면 질문! 그날따라 너의 최애 연예인이 유독 빛나게 느껴진 이유는 뭐였어?

사람마다 그 이유는 다를 거야. 누군가는 그날의 '헤메코헤어, 메이크업, 코디'가 완벽했다고 생각했을 수 있고, 누군가는 그날의 노래 실력이 훌륭했다고 느꼈을 수 있지. 어떤 사람은 그날의 수상 소감이 너무 감동적이어서 울컥했을 수도 있어.

이렇듯 우리가 단순히 욕으로만 표현해 왔던 나의 감탄과 찬사, 기쁨과 놀람에는 분명 다채로운 이유가 숨어 있어. 그렇다면 내가 느낀 긍정적인 감정을 다르게 표현할 수도 있지 않을까?

♥ 오늘 헤메코 진짜 대박이지? 소속사가 드디어 일 좀 하네.

♥ 라이브 실력 봤지? 대단하다니까 진짜.

♥ 수상 소감 들었어? 진심 감동! 눈물 날 뻔했어.

이렇게 구체적인 이유와 함께 너의 감정을 표현한다면, 최애 연예인이 가진 능력이나 다양한 면모가 다른 사람들에게도 훨씬 잘 전해질 거야.

일상생활에서 겪은 다양한 감정을 다른 사람에게 이야기할 때도 이 방법을 적용하면, 훨씬 더 풍부하게 내 마음을 전달할 수 있어. 그렇게 되면 함께 대화하는 사람들과 더욱 원만하게 소통하고 공감을 받을 수도 있을 테고.

다시 말해 욕을 사용하지 않음으로써 내 감정을 더 구체적으로 전달할 수 있어. 앞으로는 내 느낌과 감정을 이유와 함께 표현하면 더욱 좋겠지?

우리는 매일매일 수많은 감정이 파도처럼 일렁이잖아. 그런 마음들을 그저 '졸라', '씨발', '개지랄'로 표현하기보다는 '와!', '헐', '대박'과 같은 감탄사로 표현해 봐. 그렇게 하면 나의 기분을 부드럽게 드러낼 수 있고 상대도 단박에 알아들을 수 있어. 거친 말이 아니기 때문에 서로 마음이 상할 일도 없고, 선생님이나 부모님께 잔소리 들을 필요도 없는 일거사득의 방법이야.

똑같은 상황이지만 오른쪽 그림이 서로를 배려하는 모습으로 보이지 않니? 특히 시츄츄는 단 두 마디의 감탄사만 연발했는데도 좋은 기분이 느껴지잖아! 시바견은 시츄츄의 반응에 더욱 힘을 내었을 거야. "훗, 내가 좀 멋지지!" 하면서 두 팔을 활짝 벌리고 힘차게 점프했을 것 같아.

긍정적 정서의 표현

- 무엇을 포기하거나 용기를 낼 때 '까짓', '까짓것'
- '네/예'로 대답하는 게 재미없을 때 '넵', '네에', '넹'
- 신나고 즐거울 때 '룰루랄라'
- 축하하거나 환호할 때 '만만세'

- ♥ 일이나 상황이 잘되어 기쁠 때 '브라보'
- ♥ 기분 좋을 때 '앗싸'
- ♥ 상상 이상으로 대단하여 놀랄 때 '대박'
- ♥ 정답을 맞혔거나 좋은 결과가 나왔을 때 '빙고'
- ♥ 어떤 게 맘에 들거나 엄청난 것을 봤을 때 '우아'
- ♥ 어떤 사실을 비로소 깨닫거나 납득했을 때 '오호라'
- ♥ 횡재를 했을 때 '우왕', '우왕 굿'
- ♥ 갑자기 좋은 감정이 생기거나 느낌이 들 때 '키야'

부정적 정서의 표현

- ✿ 놀라거나 어리둥절할 때 '띠용'
- ✿ 어처구니없는 일을 당했을 때 '맙소사'
- ✿ 뜻밖의 일이 생겨서 놀랐을 때 '세상에'
- ✿ 아쉽거나 안타까울 때 '아까비'
- ✿ 황당하거나 어이없을 때 '아나', '아놔'
- ✿ 이해가 안 되거나 짜증날 때 '엥'
- ✿ 뜻밖의 일이나 상황에 당황하거나 놀랐을 때 '어라'

❀ 몹시 아프거나 힘들거나 안타까울 때 '에고', '에구구'

❀ 기대했던 것에 못 미쳐서 아쉬울 때 '에휴'

❀ 못마땅하거나 아니꼽거나 화가 날 때 '칫'

❀ 놀라서 기가 막힐 때 '헐'

❀ 삐치거나 실망했을 때 '흥칫뿡'

흉내말로
재미있고 유쾌하게

욕은 뜻도 뜻이지만, 거센 발음에서도 힘을 느낄 수 있어. 거친 단어가 거센 억양으로 귀에 꽂히면 기분이 확 나빠지잖아. 그런 거친 말 대신 말랑말랑하고 통통 튀는 말이라면 듣는 사람도 재미있어서 웃어넘길 수 있지 않을까? 그런 말들이 과연 있냐고? 있지! 짜증을 유발하는 욕 대신 더 생생하고 어감이 살아 있는 흉내말이 바로 그거야. 소리를 흉내 내는 의성어나 움직임을 흉내 내는 의태어를 떠올리면 돼. 흉내말은 청각과 시각으로 얻은 감각을 전달하는 효과가 아주 뛰어나거든.

어흥, 날 만만하게 보지 마!

"삐약삐약 병아리, 음매음매 송아지, 따당따당 사냥꾼 뒤뚱 뒤뚱 물오리~" 어렸을 때 불렀던 노래 기억 나? 친구들과 한목소리로 이 노래를 부르며 소리나 움직임을 생동감 있게 표현하는 말을 익히곤 했지. 거기다가 엄청 신기한 걸 보고 나서 부모님께 설명할 때면 온갖 흉내말을 다 넣어서 실감나게 말했잖아.

우당탕탕 말괄량이 삐삐, 딸랑딸랑 딸랑이, 하늘하늘 아지랑이, 두근두근 내 마음, 딸꾹딸꾹 술 취한 비틀비틀 아저씨, 깡충깡충 토끼, 폴짝폴짝 개구리……

친구들과 모여서 흉내말 맞추기 게임도 많이 했을 거야. 모두 함께 동물 흉내를 내기도 하고, 누가 가장 비슷한 소리를 내는지 놀이도 하고. 그저 소리나 모양을 흉내 내는 말을 따라했을 뿐인데도 단어를 입 밖으로 내보내는 순간, 머릿속에 그 모습이 떠올라 하하 웃으며 즐겁게 보냈잖아.

그런데 어느 순간부터 이런 흉내말들을 잘 쓰게 되지 않은 것 같아. 흉내말을 섞어 말하면 귀여운 척하는 것 같고, 어린애처럼 보이는 것 같아서 잘 안 쓰게 되더라고. 지금처럼 거친 말을 쓰는 게 일상이 된 후로는 모든 말이 거무튀튀하게 칠해진

무채색 옷을 입게 됐지.

어떤 책에서 "우리말은 다른 언어에 비해 감정적인 표현이 아주 많다. 의성어나 의태어, 형용사가 발달한 것을 보면 알 수 있다"는 문장을 읽었어. 처음에는 대수롭지 않게 읽고 넘어갔는데, 곰곰이 생각해 보니 정말 그렇더라고! 영어를 배울 때를 생각해 봐. 흉내말을 따로 배우지는 않잖아. 간혹 글에 등장하면 단어를 찾아보고 공부하는 정도지. 우리말만큼 소리나 모양을 다채롭게 표현하는 언어도 없는 것 같아.

그렇다면 흉내말을 써서 우리가 쓰는 말에 더 밝고 화사한 옷을 입혀 보는 건 어떨까? 갑자기 안 쓰던 말을 쓰려니 어색하다고? 그냥 친구들과 말로 하는 티키타카로 생각해 봐.

처음부터 너무 많은 표현을 사용하려고 하지 않아도 돼. 욕을 하고 싶을 때 하나씩 써 보는 거지. '씩씩', '우르릉 쾅쾅', '토닥토닥'처럼 익숙한 표현부터 시작해 보는 거야.

친구 때문에 화가 났을 때는 호랑이가 포효하는 소리를 내 봐. "어흥, 날 만만하게 보지 마!" '어흥'을 말할 때 정말 화난 호랑이처럼 표정이나 소리까지 흉내 낸다면 더 재미있을 거야. 최애의 매력적인 모습은 "눈코입이 오밀조밀해서 정말 이뻐"라고 말하고, 귀여운 동물을 표현할 때는 "우리 집 강아지는 꼬물꼬물 정말 귀여워"라고 말할 수도 있어. '졸라 예쁘다'라고 하지 않아도 실감나게 표현할 수 있다는 사실을 이제 알겠지?

보들보들, 콩닥콩닥, 두근두근

"으~ 손발이 오그라들어, 도저히 못하겠어!"라는 소리가 들리는 것 같네. 아직 흉내말의 진가를 잘 모르는구나. 흉내말의 매력에 풍덩 빠지면 헤어나지 못할 거야. 의성어, 의태어가 흉내말이라고 한 거 잊지 않았지? 앞에서 나왔던 상상 더하기를 다시 볼까?

즐거운 점심시간이 되었어. 너는 지금 점심을 먹기 위해 친구들과 함께 급식실로 뛰어가 줄을 서서 기다리고 있어. 먼저 급식을 먹고 나오는 선배들의 손에 짜 먹는 요구르트가 들려 있는 게 보이네. 요구르트를 좋아하는 넌 후식을 보고 더 신이 났어.

그런데 저 멀리에서 선배 두 명이 요구르트를 가지고

장난을 치는 모습이 어째 불안하더니, 그중 쏜살같이 뛰어가던 선배 한 명이 너에게 부딪히고 말았네? 엎친 데 덮친 격으로 선배가 들고 있던 요구르트가 엎어져 네 교복에 엄청 묻고 말았어! 정작 화난 사람은 너인데 어이없게도 그 선배가 다짜고짜 너에게 욕설을 퍼붓는 거야.

"왜 여기 서 있고 지랄이야? 아, 졸라 재수 없네."

이 이야기에서 예시로 적은 욕 기억나?

❁ 씨발, 지가 잘못해 놓고 왜 욕하고 지랄이야?

마음속에서는 이 말이 번쩍 떠오르겠지만, 선배 앞에서 이렇게 말하면 안 되지. 이럴 때 의성어나 의태어를 써서 내 마음을 더 분명하게 표현해 보면 좋겠어.

♥ 이 교복 어쩌죠? 제 머릿속에 우르르 쾅쾅 천둥번개가 치네요.
♥ 새로 산 교복인데 속이 상해 펄쩍펄쩍 뛰겠네요.
♥ 이따 발표 시간엔 어쩌죠? 벌써 심장이 쿵쾅거려요.

어때? 욕을 하지 않았지만 화난 감정이 그대로 전해지지 않아? 더 신기한 건 화난 감정이 드러나기도 하지만 괜스레 웃음이 나면서 어두운 분위기가 사라졌다는 거야. 흉내말로 유쾌하게 넘긴 덕분이지.

달각달각, 딸깍딸깍, 덜컥덜컥

흉내말의 매력은 이게 전부가 아니야. 마치 장난감 블록이나 변신 로봇처럼 일부를 살짝만 바꿔도 확 다른 느낌이 나. '달가닥-딸까닥-탈카닥'처럼 자음을 세게 읽거나, '꼬불꼬불-꾸불꾸불'처럼 모음을 달리 말하면 같은 말인데도 전혀 다른 느낌으로 다가오지. 이렇게 양성 모음을 음성 모음으로 바꾸거나 예사소리를 된소리나 거센소리로 발음하기만 해도 무궁무진한 표현을 할 수 있다고. 정말 신기하지 않니? 굳이 욕을 섞지 않아도 얼마든지 감정의 높낮이를 자유롭게 표현할 수 있는 우리말의 마법이지.

아까의 예시를 다시 볼까?

♥ 새로 산 교복인데 속이 상해 펄쩍펄쩍/팔짝팔짝 뛰겠네요.

♥ 이따 발표 시간엔 어쩌죠? 벌써 심장이 쿵쾅거려요/쿵쾅쿵쾅해

요/꿍꽝거려요/꿍꽝꿍꽝해요.

흉내말에는 욕 대신에 감정을 담을 수 있는 말이 무궁무진해. 화가 났을 때는 '우르르 쾅쾅', '우당탕', '쿵쾅', '펄쩍'처럼 어감이 큰 말을 써서 감정을 표현할 수 있고, 귀여운 걸 봤을 때는 '꼬물꼬물', '동글동글', '아기자기'로 그 마음을 표현할 수 있어.

'욕에는 욕!'으로 대응했다면 싸움이 됐을 테지만, 이렇게 말하면 화내던 선배도 더 이상 욕하지 못할 거야. 물론 먼저 잘못하고서 욕까지 한 선배에게 곱게 말하고 싶진 않겠지. 그 마음 충분히 이해해. 하지만 욕이 아닌 다른 표현으로 맞받아친다면 선배도 머쓱해지겠지?

생각 넓히기 SNS에서 표현해 보기

감정은 더 구체적으로 표현할수록 오해를 줄일 수 있어. 다른 사람에게 더 정확히 전달되기 때문이지. 하지만 메시지로 소통할 때는 감정을 충분히 드러내기가 어렵거든. 이럴 때 흉내말을 쓰면 밝고 따스한 느낌, 어둡고 쓸

쓸한 느낌, 살아 움직이는 듯한 어감을 살려 주지. 어떤 표현들이 있는지 함께 살펴볼까?

밝은 느낌의 표현

- ♥ 좋아하는 대상을 보고 설렐 때 '두근두근', '콩닥콩닥', '두근반세근반', '심쿵'
- ♥ 작고 귀여운 걸 봤을 때 '아기자기'
- ♥ 서로 사이가 좋을 때 '도란도란', '옹기종기', '알콩달콩'
- ♥ 만지는 감촉이 좋을 때 '보들보들', '폭신폭신', '뽀송뽀송'
- ♥ 작은 움직임이 눈길을 사로잡을 때 '꼬물꼬물'
- ♥ 상대를 위로해 주고 싶을 때 '토닥토닥', '쓰담쓰담'
- ♥ 신나는 일이 있을 때 '하하', '야호', '덩실덩실'
- ♥ 마음에 들어 좋을 때 '뽕', '빙그레'
- ♥ 무언가를 기대할 때 '초롱초롱', '반짝반짝'
- ♥ 좋아하는 감정을 표현하고 싶을 때 '부비부비', '꽁냥꽁냥'

유쾌한 느낌의 표현
....

♥ 경쾌하고 시원스럽게 웃고 싶을 때 '깔깔', '껄껄', '꺄
르르'

♥ 맛있는 음식을 먹을 때 '꿀꺽꿀꺽', '냠냠', '후룩후룩'

♥ 막힌 것이 풀리는 느낌일 때 '뻥'

♥ 거침없이 말할 때 '촬촬', '줄줄', '술술'

♥ 배가 많이 고플 때 '꼬르륵'

♥ 행동이 요란할 때 '우당탕', '왁자지껄'

♥ 모르는 척하고 싶을 때 '데면데면'

♥ 분위기를 다잡을 때 '으라차차'

♥ 애를 쓰거나 경쟁할 때 '아등바등', '아옹다옹'

진지한 느낌의 표현
....

♥ 어떤 일을 묵묵히 해 나갈 때 '뚜벅뚜벅', '차곡차곡'

♥ 화가 났을 때 '어흥', '부르르', '으르렁으르렁', '씩씩',
'부들부들'

♥ 슬퍼서 울고 싶을 때 '훌쩍훌쩍', '그렁그렁', '주룩주

룩', '엉엉', '흐아앙'

💜 누군가에게 소리를 치고 싶을 때 '우르르 쾅쾅', '고
래고래', '꽥'

💜 몸도 마음도 아플 때 '끙끙', '쿨럭쿨럭'

💜 숨이 막히는 듯이 간신히 말할 때 '캑캑', '깩깩'

💜 마음에 상처가 많을 때 '너덜너덜', '덕지덕지'

💜 불안하고 초조할 때 '덜덜'

💜 관계를 끊고 싶을 때 '싹둑'

💜 냉정하게 보이고 싶을 때 '쌩쌩'

💜 실망하는 마음이 클 때 '와르르', '폭삭'

💜 화, 슬픔, 분노가 솟구칠 때 '울컥', '파르르'

💜 마음이 안 맞을 때 '삐걱삐걱'

💜 가엽거나 마음에 들지 않을 때 '쯧쯧'

💜 짜증이 나거나 고민거리가 있을 때 '지끈지끈', '지긋
지긋', '징글징글'

💜 기분이 우울할 때 '추적추적', '쭈글쭈글'

💜 반대 생각을 표현할 때 '절레절레', '도리도리'

♥ 삐지거나 기분이 상했을 때 '삐죽삐죽', '뾰로통'

가벼운 느낌의 표현

♥ 하기 싫을 때 '느릿느릿', '시들시들', '건성건성', '꼼지락꼼지락'
♥ 서두를 때 '부랴부랴'
♥ 적당히 보는 척할 때 '힐끗'
♥ 바쁘게 움직일 때 '허둥지둥', '허겁지겁'
♥ 어쩔 줄 모를 때 '갈팡질팡', '어리둥절', '얼떨떨'
♥ 깜짝 놀랐을 때 '뜨악', '콩닥콩닥'
♥ 놀란 마음이 진정되지 않을 때 '움찔움찔', '쫄깃쫄깃'
♥ 어이가 없을 때 '피식'

관용 표현으로 재치 있게 맞받아치기

　밤에 자려고 누웠을 때 나를 얕보는 친구에게 들었던 욕 때문에 이불킥을 한 적 없어? '아! 속상해. 뭐라도 말했어야 했는데, 그냥 듣고만 있었네' 하고 말이야. 욕을 듣는 순간엔 뭐라 할 말이 떠오르지 않아서 머뭇거렸지만, 좀 지나고 나니 적절한 말이 생각나더라고. 재치 있게 맞받아쳤으면 지금 이런 분한 마음이 들지 않았을 텐데 말이야. 이럴 때 생생하고 강렬한 의미를 가진 관용 표현을 쓰면 효과적이야.

#2

얕잡아 보이기 싫다면 관용 표현으로

욕을 대신할 멋진 표현들을 많이 아는 데서 그치지 말고, 욕쟁이 앞에서 당당하게 맞받아칠 수 있도록 연습하는 게 중요해. 미리미리 대비하지 않으면 욕을 듣는 순간 "아악!", "후~" 하고 울분만 삼키게 되거든. 그러니까 욕쟁이가 거친 말을 내뱉는 순간을 놓치지 말고 답해 보면 어떨까? 첫 번째 만화 속 시츄츄처럼!

첫 번째 만화(#1)에서 시츄츄는 굳이 센캐인 척하지 않지만, 시바견에 밀리지 않고 즉각 맞받아치니 시바견도 수긍을 하게 되는 것 같아. 시츄츄는 상황에 딱 맞는 표현을 써서 욕을 하지 않고도 자신의 생각을 잘 전달했어.

두 번째 만화(#2) 속의 시츄츄는 즐거운 일이 있나 봐. 복도에서 춤까지 추고 말이야. 시츄츄를 본 식빵이가 한마디하지. 욕을 내뱉을 때와 관용구로 표현했을 때 시츄츄의 표정이 달라. 141쪽 중간의 왼쪽 그림과 오른쪽 그림을 비교해 봐. 오른쪽 그림이 훨씬 사이좋아 보이지?

식빵이가 사용한 '달밤에 체조'라는 표현 말고도 상황에 맞지 않거나 엉뚱해서 황당하다고 느낄 때 사용할 수 있는 속담은 아주 많아.

아닌 밤중에 홍두깨 내민다

'홍두깨'는 다듬잇감을 감아서 다듬이질할 때 쓰는 단단한 나무 방망이를 말해. 이 말은 한밤중에 느닷없이 다듬이질을 할 때 쓰는 방망이를 내미는 격이란 뜻으로, 엉뚱한 말이나 행동을 하는 것을 비유적으로 이르는 말이지.

자다가 봉창 두드린다

'봉창'은 옛날 집에 벽을 뚫어서 작은 구멍을 내고 창틀 없이 안쪽으로 종이를 발라서 봉한 창을 말해. 자다가 갑자기 창을 두드리는 것처럼 엉뚱한 행동을 하는 경우를 재미나게 표현한 속담이지.

귀신 씻나락 까먹는 소리

한밤중에 돌아다니는 귀신도 배가 고팠던 모양이야. 모내기를 하려고 둔 볍씨를 남몰래 조용히 까서 먹을 때 나는 소리라니! 이 속담은 이치에 닿지 않는 엉뚱하고 쓸데없는 말을 가리킬 때 쓰는 표현이야. '김밥 옆구리 터지는 소리', '도둑이 소 몰고 가는 소리', '개 풀 뜯어 먹는 소리' 등도 비슷한 의미를 가진 속담이야. 그 의미를 생각해 보면 웃음이 나오지 않을 수 없지.

까마귀 아래턱 떨어질 소리

이 속담도 비슷해. 날아가던 까마귀가 얼마나 어처구니가 없는 말을 들었으면 아래턱이 떨어질 정도로 놀랐을까? 천만부당한 소리를 하는 상대방에게 일침을 놓을 때 적절한 표현이야.

삶은 호박에 이 안 들 소리

호박을 삶는다고 생각해 봐. 얼마나 물렁물렁할까! 그런 호박을 한입 베어 물었을 때 이가 안 들어간다는 건 말이 안 되지. 이처럼 사리에 맞지 않을 때 사용하는 표현이야.

이런 표현을 외워 두었다가 절호의 순간이 오면 멋지게 말해 봐. 어쩌면 욕할 때보다 더 속이 시원할지도 몰라.

감각적이고 창의적인 표현으로

누가 그러더라. 화날 때는 '좆같다'와 발음이 비슷한 '꽃같다'를 쓰자고. 물론 처음에는 그렇게 발음이 유사한 말로 욕을 대신하는 방법도 좋아. "아, 정말 꽃같은 하루였다" 하면 느낌이 다르잖아. 처음엔 이런 식으로 연습하며 욕을 줄이는 거지. 그런데 58쪽 생각 넓히기에서 욕 대신 '시바견', '식빵이'를 쓰는 건 실제 시바견이나 식빵에게 미안한 일이라고 했잖아. 마찬가지로 꽃에게 미안한 일일지도 몰라. 그러니 단순하게 욕과 유사한 발음의 단어를 찾지 말고 좀 더 창의적으로 표현해 보는 건 어떨까? 스스로 창작해서 써도 좋아.

상대할 가치가 없는 사람을 상대할 때도 유쾌하게

진돌이는 친구를 괴롭히는 시바견에게 흔한 욕을 쓰지 않고 '빠진 도낏자루'라는 말을 썼어. '빠진 도낏자루'는 제멋대로 행동하는 사람이나 입이 험하고 행동도 공격적인 사람을 말해. 이 외에도 알고 보면 엄청 재미있고 기발한 말이 많아. 좋은 뜻으로 쓰는 건 아니지만 그래도 욕보다는 낫지 않겠어?

명문 집어먹고 휴지 똥 눌 놈

상대할 가치가 없는 사람에게 쓰면 딱 어울리는 속담이야. 의리를 저버리거나 법을 어기기 일쑤인 막된 사람을 욕하여 이르는 말이지. '명문明文'이란 사리가 명백하고 뜻이 분명한 글이라는 뜻으로, 좋은 글을 읽고도 막된 행동을 하는 사람을 비꼬아서 하는 말이야.

똥통에 빠질 놈

우리 할아버지가 버릇없는 사람에게 "쯧쯧, 저 똥통에 빠질 놈!"이라고 하시는 걸 들었어. 나를 화나게 한 사람이 냄새 나는 정화조에 빠진다고 생각해 봐. 푸하하. 엄청 속이 시원하지 않을까?

치석 틈에 똬리 튼 충치

충치도 싫고, 이의 표면에 엉겨 붙어서 굳은 물질인 치석도 기분 나쁜데, 그 사이에 뱀이 똬리를 틀 듯 생긴 얄상궂은 놈을 가리키는 말이야. 정말 하찮고 가까이 하기 싫다는 느낌을 주지.

싸가지를 깍둑썰기로 썰어 먹었냐

'싸가지'는 사람의 됨됨이나 예의를 갖추는 태도를 말하잖아. 사람과 사람 사이에서 기본적으로 갖추어야 하는 태도인데, 이것을 깍두기처럼 잘게 썰어서 덥석 먹어 치웠냐고 비아냥거리는 말이지.

생각 넓히기 언행이 어리석은 사람에게는 이런 표현을!

우리말에는 언행이 어리석은 사람을 빗대는 표현이 참 많아. 사전을 찾아보니, 정말 다양한 표현이 있더라고. 여러 표현을 미리 알아 둔다면 갑자기 어리석은 사람을 만나더라도 통쾌하게 대처할 수 있을 거야. 함께 볼래?

씨알머리 없는 녀석

'씨알머리'는 남의 혈통을 속되게 이르는 말이지. 씨알머리가 없다는 건 어느 집 자손이다 말할 수 없을 정도로 하찮은 존재를 이르기도 하고, 생각이나 줏대가 없는 사람을 이르기도 해.

무뢰한

성품이 막되어 예의와 염치를 모르며, 일정한 소속이나 직업이 없이 불량한 짓을 하며 돌아다니는 사람을 뜻하는 말이야.

달 보고 짖는 개

내 상황을 잘 알지도 못하면서 유난 떠는 친구가 가끔 있잖아. 이 속담은 그런 친구에게 쓰면 좋아. 이 속담은 남의 일에 대해 잘 알지도 못하면서 떠들어 대는 어리석은 사람을 말하거든. 대수롭지 않은 일에도 놀라거나 겁을 내서 떠들썩하는 싱거운 사람을 말하기도 해.

등잔불에 콩 볶아 먹을 놈

이 속담은 어리석고 옹졸하여 하는 짓마다 답답한 사람을 가리키지. 앞으로는 이렇게 답답한 친구에게 욕 대신 이 속담을 써 보면 어떨까?

꿩은 머리만 풀에 감춘다

꿩이 머리만 감추고 몸을 숨겼다고 생각하다 발각되면 얼마나 어리석어 보일까? 머리만 감춘 꿩처럼 얕은꾀를 부리는 어리석은 사람에게 쓰면 좋을 속담이야.

벼락 맞은 꽹과리

풍물놀이에서 박자를 맞추는 꽹과리는 그 자체로도 소리가 크고 높지. 그런 꽹과리가 벼락을 맞았으니, 그 소리가 얼마나 괴상할까! 이처럼 상황에 맞지 않는 언행을 하는 사람을 빗대어 이를 때 쓸 수 있어.

섶을 지고 불로 들어가려 한다

'섶'은 땔감이 되는 나무를 통틀어 이르는 말이야. 불이 쉽게 붙을 수 있는 섶을 지고 이글거리는 불 속으로 뛰어드는 건 정말 어리석은 행동이지. 주변에 앞뒤 가리지 못하고 어리석게 행동하는 친구가 있다면 이 속담을 써 봐.

숯이 검정 나무란다

사람은 누구나 단점을 갖고 있고 실수도 하지. 그런데 가끔 자신의 단점은 생각하지 않고 남의 단점만 흉보거나 실수를 들추는 친구가 있잖아. 이 속담은 그런 친구에게 쓰면 좋은 표현이야. 시꺼먼 숯이 다른 검은 것을 나무라면 얼마나 어리석어 보이겠어. 미리 익혀 뒀다가 어리석게 말하는 친구에게 써 보면 어떨까?

오호, 이런 뜻이!
선조님들
감사해요

어떤 일을 슬기롭게 대처하고 싶거나 지혜롭게 극복하고 싶을 때면 현명한 사람에게 조언을 구하잖아. 그렇게 조언을 들으면 해답을 찾을 때도 있고, 구체적인 답을 찾지는 못하더라도 내가 가져야 하는 마음가짐은 알 수 있지.

사실 우리에겐 좋은 언어 습관을 위한 현명한 조언자가 아주 많이 있어. 우리보다 먼저 인생을 사신 선조들이 바로 그 주인공이야. 선조들이 후대에 남긴 인생의 중요한 지혜나 가치가 때로는 아주 유용하지.

과학 시간에 만들기 활동을 하고 있었어.

친구들이 비웃으며 말하니 시바견은 화가 났어.

그러자 모두 시바견에게 사과했어.

말의 무서움을 일찌감치 깨달았던 선조들

우리는 단군의 자손이자 세종대왕의 후손이잖아! 우리 선조들은 주옥같은 말을 많이 남겼어. 다음 속담 중에서 의미가 다른 것은 어떤 것인지 맞혀 볼래?

가. 가루는 칠수록 고와지고 말은 할수록 거칠어진다

나. 가는 말이 고와야 오는 말도 곱다

다. 엑 하면 떽 한다

라. 말이 고마우면 비지 사러 갔다가 두부 사 온다

마. 말 한마디에 천 냥 빚도 갚는다

바. 낮말은 새가 듣고 밤말은 쥐가 듣는다

너무 쉽지? 모두 유명한 속담이라 다들 쉽게 정답을 찾았을 것 같아.

'가'는 가루는 체에 칠수록 고와지지만 말은 길어질수록 시비가 붙을 수 있고, 마침내는 말다툼까지 갈 수 있으니 말을 삼가라는 말이야.

'나'는 자기가 남에게 말이나 행동을 좋게 해야 남도 자기에게 좋게 한다는 말이야.

'다'는 정말 재미난 속담이야. 남에게 "엑" 하고 소리를 지르면 남은 더 강하게 "떽" 하고 답한다는 뜻으로, 자기가 남에게 언행을 좋게 해야 남도 자기에게 좋게 한다는 말이거든.

'라'는 상대가 말을 고맙게 하면 애초에 생각했던 것보다 훨씬 더 후하게 해 주게 된다는 말이지. 본래 비지는 두부를 만들고 나면 남게 되는 것이라 공짜로 나눠 주기도 하잖아. 그런데 두부 장수가 얼마나 곱고 정답게 말했으면 비지를 사러 갔다가 두부를 사서 왔을까!

'마'는 상대에게 하는 따뜻한 말 한마디가 평생 갚기 어려운 빚도 탕감해 줄 수 있다는 말이야. 우리도 살다 보면 이런 일을 겪게 될 거야. 항상 남을 배려하는 마음으로 말한다면 억지로 노력하지 않아도 힘든 순간에 도움을 받을 수 있겠지?

정답은 '바'! 다른 속담도 한번 살펴볼까? 조금 더 무시무시한 내용이 담겨 있어.

혀 아래 도끼 들었다

혀는 말할 때 꼭 필요한 기관 중 하나야. 그런데 혀 아래에 도끼가 들었다는 것은 혀를 놀려서 하는 말이 사람을 죽일 수 있는 무시무시한 무기가 될 수 있음을 강조하는 거야. 말을 잘

못하면 재앙을 받을 수 있으니 조심하라는 뜻이지!

세 치 혀가 사람 잡는다

세 치밖에 안 되는 짧은 혀라도 잘못 놀리면 사람이 죽게 되는 수가 있다는 뜻으로, 말을 함부로 해서는 안 된다는 것을 강조하는 표현이야.

촌철살인

한 치의 쇠붙이로도 사람을 죽일 수 있다는 뜻으로, 간단한 말로도 남을 감동하게 하거나 남의 약점을 찌를 수 있음을 이르는 말이야. 여기서 한 치는 약 3.03센티미터에 불과하거든. 정말 얼마 되지 않는 작은 쇠붙이가 어마어마한 결과를 가져올 수 있다는 거지.

죽마고우도 말 한마디에 갈라진다

아무리 가까운 사이라도 말을 함부로 하면 서로의 사이가 벌어지게 된다는 뜻으로, 비록 한마디의 말일지라도 조심해야 한다는 속담이야. 말을 함부로 하면 친구도 잃고, 가족도 잃고, 결국 자신도 잃을 수 있다는 것을 경고하고 있어. 욕처럼 남에게 상처를 주는 말은 엎질러진 물처럼 다시는 주워 담을 수 없 거든.

관 속에 들어가도 막말은 말라

우리의 선조들은 죽어서 관 안에 들어가는 순간에도 함부로 말을 해서는 안 된다고 강조하셨어. 말조심해야 한다는 걸 죽어서도 잊지 말라는 뜻이야.

모두 부정적인 말의 영향력이 얼마나 큰지를 강조하는 속담이야. 말은 도끼처럼 사람을 죽일 수 있는 무기가 될 수 있고, 실제 사람을 죽일 수도 있음을 기억하라는 거지.

짜증이 나거나 화가 날 때, 친구랑 장난치고 싶을 때, 강해 보이고 싶을 때 욕을 살짝살짝 썼는데……. 이 속담들을 보니 정말 욕을 줄여야겠다는 생각이 들기도 한다. 그렇지?

말 한마디가 불러올 수 있는 엄청난 나비효과

'말에는 힘이 있다'는 이야기 들어 봤어? 실제로 맞는 말이라고 해. 무슨 말이냐면, 자신이 다른 사람들에게 어떻게 불리고, 어떤 얘기를 들어왔는지에 따라 사람들은 자기 자신이 정말 그런 사람이라고 생각하게 된다는 거야. 너는 스스로를 어떤 사람이라고 생각하는지 잠깐 돌아볼래? 그리고 왜 그런 사람이라 생각하게 되었는지 그 계기를 떠올려 봐.

나는 "그림을 그릴 때 특징을 정말 잘 잡는다!", "다이어리도 잘 꾸미네!"라는 말을 자주 들었어. 그래서인지 자연스럽게 미술 시간이 어느 때보다 기다려졌고 그림 대회에도 적극적으로 나가려고 했어.

내 친구는 체육 시간마다 반 친구들에게 "운동 신경이 정말 좋네!"라는 소리를 많이 들었대. 그게 계기가 되어서 체육 시간마다 더 열심히 참여했다고 하더라고.

자기 자신이 어떤 사람인지 스스로 깨달은 사람도 분명 있겠지만, 누군가가 '나'라는 사람에 대해 이야기한 것을 듣고 '아, 내가 이런 사람이구나!'라고 생각하게 되는 사람도 많아. 그러니까 내가 장난으로 친구에게 계속 "병신아"라고 부른다면, 그 친구는 자기 자신이 '병신'이라고 불릴 만한 사람이라고 생각하게 될지도 몰라.

물론 어떤 친구는 너의 의도대로 그저 웃어넘기며 장난으로 받아 줄 수도 있겠지. 그렇지만 또 다른 친구는 그 말로 인해 상처를 받고 자존감이 떨어질 수도 있어. 이러한 점을 생각해 본다면 내가 친한 친구, 더 나아가서 주변 사람들에게 어떠한 말을 하는지가 얼마나 중요한지 알 수 있지.

나는 장난으로 아무 의미 없이 한 말일지라도 누군가에게는 자기 자신을 이해하는 데 영향을 미칠 수 있어. 말에는 놀라운 힘이 있다고 할 수 있지.

그러니까 '장난인데 뭐', '친해서 그랬어'라는 생각으로 말을 쉽게 해서는 안 돼. 내가 누군가에게 던진 장난스러운 욕이, 생각 없이 말한 부정적인 말이, 누군가에게는 씻을 수 없는 상처가 될 수도 있으니까 말이야.

생각 ˙˙˙˙˙ **넓히기** 나의 말 한마디가 '자아 개념'에 영향을 미친다고?

혹시 '자아 개념'이라는 말을 들어 봤어? 너무 어려운 말이라고? 걱정하지 마. 알고 보면 별 거 아니야.

'자아 개념'은 자기 자신에 대해서 스스로가 어떻게 인식하고 있는지를 말하는 거야. 이 개념은 스스로 만들어 내는 것이라 생각하기 쉽지만, 사실 다른 사람이 '나'에 대해서 어떻게 생각하는지에 영향을 받아 형성된다고 해.

예를 들어 "너는 리더십이 뛰어나구나"라는 말을 자주 들은 친구는 자기 자신이 리더십이 뛰어나다고 생각하겠지? 실제로는 그렇지 않더라도 아마 자신감을 가지고 학급 반장 선거에 나가 볼지도 몰라.

반면 "너는 리더십이 부족해"라는 말을 많이 들은 친구는 자신이 리더가 될 자질이 없다고 생각할 가능성이 높아. 실제로는 리더로서의 자질이 충분한 친구라 할지라도 말이야.

앞에서 이야기했던 내용이라 쉽게 이해할 수 있을 거야. 이처럼 다른 사람들이 '나'에 대해 얘기하는 말 한마디 한마디가 '나'의 자아 개념에 상당히 중요한 영향을 끼치는 거지.

그렇다면 반대로 내가 다른 사람에게 하는 말 한마디 한마디 역시 그 사람의 자아 개념에 엄청난 영향을 미치겠지? 그러니까 아무리 장난이라고 해도 친구의 별명을 욕과 유사하게 만들어 놀린다거나, 친구의 신체적 특성을 놀림거리 삼아 반복적으로 장난치는 등의 행동은 조심할 필요가 있어. 경우에 따라서 내가 던진 말 한

마디가 그 친구의 자아 개념에 영향을 미치고, 나아가 그 친구의 인생 전반에 영향을 끼칠 수 있으니까.

내 말 한마디가 이렇게 엄청난 결과를 가져올 수 있다니, 무섭지 않아? 그냥 아무 생각 없이 하던 장난 같은 말, 그 말에 누군가는 상처를 받고 힘들어할 수 있다면 다시 생각해 봐야 하지 않을까? 벽에 낙서한 우스갯소리 때문에 학교에 가기 싫어하는 친구도 있을 수 있다는 걸 생각해 봐.

대응하지 않고 슬기롭게 넘어가는 법

　어때? 욕을 쓰지 않고도 할 수 있는 다양한 표현들이 있지? 그런데 우리가 욕을 듣는 모든 순간에 대응을 해야 하는 걸까? 대응하는 것이 꼭 현명한 해결 방법일까?

　때로는 대응을 하지 않는 게 더 지혜로운 대처법이 될 수 있어. 내가 반응을 하지 않으면 욕을 한 상대방도 계속 욕을 하기는 힘들거든. 내가 아무리 슬기롭게 대처해도 친구가 계속 욕을 한다면 지칠 수 있잖아. 그런 친구에게는 무대응이 가장 좋은 대처일 수도 있지.

시바견과 허스키가 자기 다리가 더 길다며 다투고 있었어.

식빵이는 웃으며 말했지.

평소 같으면 함께 장난을 쳤을 텐데
시바견과 허스키의 반응은 평소와 달랐어.

시바견과 허스키는 식빵이에게 한소리했어.

식빵이는 머쓱해졌어.

163

욕을 해야만 '센캐'가 될 수 있는 거야?

드라마나 영화에서 불량스러워 보이는 사람들이 한 사람을 위협하는 장면을 본 적 있을 거야. 시대를 초월해 꽤 자주 보이는 장면이지. 주인공들은 대개 위기 상황에 놓인 누군가를 구하기 위해 멋지게 뛰어들어. 혹시 그때 그 주인공들이 어떤 말을 하면서 위기 상황에 뛰어들었는지 기억나?

상황이 상황인 만큼 상대방에게 차분하고 예의 바르게 말하지는 않았던 것 같아. 적어도 내가 기억하는 주인공들은 욕을 하면서 등장했어. 마치 기선 제압을 하려면 욕을 해야만 하는 것처럼. 그리고 나이나 직업에 상관없이 찰진 욕을 내뱉으며 상황을 종료시켰지.

우리는 이런 장면들을 어떤 시선으로 바라보았을까? 아마 욕을 하는 주인공의 모습을 감탄하며 보거나 때로는 그들의 모습에 대리 만족도 느꼈을 거야. 그러면서 우리도 모르는 사이 욕을 써야 멋진 어른처럼 보인다고 생각하거나, 욕을 자연스럽게 내뱉을 때 소위 센캐가 될 수 있다고 믿었던 거지. '욕을 하는 나의 모습도 멋있고 강하게 보일 거라고 상상하면서. 앞에서 얘기한 편의점 이야기를 다시 볼까?

너는 지금 하루 일과를 마치고 집에 돌아가는 길이야. 집 앞 편의점에 다다라 조금 시끌시끌해서 곁눈으로 흘깃 보니, 너의 친한 친구가 다른 학교 학생 몇 명과 싸우고 있어.

못 본 척 그 자리를 떠날까 고민도 했지만 친구가 걱정이 된 너는 편의점 근처로 다가갔어. 가까이 가서 보니, 다른 학교 학생들이 너의 친구에게 욕을 퍼붓고 있어!

여기서 잠깐! 나는 지금 위의 장면을 그저 나쁘다고 비판하려는 것이 아니야. 어떤 이유로 싸우게 됐더라도 욕은 절대 안 된다고 말하려는 것도 아니야.

우리 사회 곳곳에서 이런 장면들이 벌어지고 있을지도 몰라. 그 속에서 나를 지키고 친구를 지킬 수 있는 강한 사람이 되려면, 나도 그들처럼 똑같이 해줘야 한다는 함정에 빠질 수도 있다는 걸 얘기하려는 거야.

정말 욕을 하는 것이 나를 더 멋지고 강한 존재로, 더 어른 스럽게 만들어 주는 것일까? 어쩌면 우리가 어릴 때부터 이런 모습들을 자주 봤기 때문에, 욕을 쓰는 것이 멋지고 강해 보인다고 생각해 온 것은 아닐까? 정말 멋지고 강한 사람은 욕을 쓰지 않고도 자기 자신과 소중한 것들을 지킬 수 있는 사람이지 않을까?

오늘 하루 네가 어떤 말을 하고 어떤 말을 들었는지 곰곰이 돌이켜 볼래? 몇 번의 욕을 했을지도 몰라. 하지만 그중 몇 번은 네가 먼저 욕한 건 아닐 거야. 친구나 선배, 혹은 다른 사람들이 너에게 먼저 욕을 했기 때문에 너도 욕으로 맞받아친 거였지? 네가 먼저 욕한 게 아니니까 욕을 할 때도 평소보다 마음이 덜 불편했을 거야.

그런데 이상한 일이지. 분명 네가 먼저 욕을 한 게 아니고, 네 잘못으로 시작된 것도 아닌데 왜 욕으로 가득 찬 대화가 끝나고 나면 기분이 마냥 후련하지 않은 걸까? 우리는 그저 '눈에는 눈, 이에는 이'라는 말을 실천한 것뿐인데!

그 이유는 상대방이 너에게 먼저 욕했을 때 네가 느꼈던 감정 속에서 찾을 수 있어. 차분한 대화로 갈등을 충분히 해결할 수 있는 상황에서 다짜고짜 욕부터 하는 사람을 보면 너는 어떤 느낌이 들었어? '뭐 저런 사람이 다 있어'라는 생각에 어이 없다가 그 사람이 내뱉는 욕 때문에 기분이 상하고 상처를 입 었을 거야. 네가 잘못한 게 없는데 욕을 들었다면 화가 더 많이 났을 거고. 그랬기 때문에 너도 '가만히 앉아서 당하고만 있을 수는 없다!'는 심정으로 욕을 했을 테니까.

똥이 무서워서 피하나? 더러워서 피하지!

그런데 네가 상대방과 똑같은 방식으로, 즉 욕을 하면서 그 사람에게 대응하면 너 역시 상대방의 기분을 상하게 하고 상대 방에게 상처를 입힐 수도 있어.

너 역시 본능적으로 그걸 알고 있는 거야. 욕을 쓰는 상대 방을 보며 이상한 사람이라고 생각했던 것처럼, 이번에는 네 스 스로가 이상한 사람이 된 것 같은 느낌을 받는 거지. 실제로 그 상황을 모르거나, 네가 어떤 사람인지를 잘 모르는 제3자의 입 장에서는, 먼저 욕을 한 상대방이나 너나 그저 똑같은 욕쟁이 로 보일 수도 있어.

'똥이 무서워서 피하나 더러워서 피하지'라는 속담을 들어 본 적 있어? 똥은 가까이 가기만 해도 냄새가 나고 더러워서 피 하게 되잖아. 그것처럼 나쁜 사람을 상대하지 않고 피하는 것은 무서워서가 아니라 상대할 가치가 없기 때문이라는 뜻의 속담 이야.

그냥 말로 해도 충분히 서로의 생각을 나눌 수 있는 상황에서 다짜고짜 나에게 욕을 하는 사람을 마주치게 된다면, 굳이 네가 그 사람과 똑같은 수준의 사람이 될 필요는 없어.

그럼 나만 욕을 들어야 하냐고, 그러면 지는 게 아니냐고, 나를 만만히 보면 어떻게 하냐고 묻고 싶은 사람도 있을 거야. 혹은 다들 욕하는데 뭐 어떠냐고 생각하는 사람도 있겠지.

굳이 욕하기에서도 누군가를 이겨야 하는 걸까? 그렇게 나의 입을 욕으로 더럽혀야 할까? 욕을 듣고 욕으로 대응하지 않았다고 네가 그 사람에게 진 것이 아니라는 걸 꼭 기억하면 좋겠어. 똥은 무서워서 피하는 게 아니라 더러워서 피하는 거니까!

우리 모두 처음부터 욕을 쓰지는 않았어!

우리가 말을 갓 배우기 시작했을 때부터 욕을 하지는 않았어. 아이는 함께 생활하는 가족을 보고 말과 행동을 배우는데, 대부분의 부모는 아이가 좋은 것만 보고, 듣고, 말하기를 바라거든. 그래서 아이에게 고운 말만 쓰지. 실제로 아이들의 언어 세계는 아주 순수한 표현으로 가득해. 뭐가 못마땅하거나 화가 났을 때도 '싫어', '화났어', '미워'처럼 자기 마음을 있는 그대로 표현하는 말들로 감정을 이야기해. 말 대신 화난 표정을 짓거나 등을 보이며 토라지는 몸짓을 보이기도 하지. 그러면 우리는 언제부터 욕을 하게 되는 걸까?

세 살, 사고 싶은 장난감을
엄마가 안 사 줬다.

다섯 살, 친구가 내 블록을
무너뜨렸다.

위의 그림을 보니 어때? 나이에 따라 화와 짜증이 나는 상
황이 잘 드러나 있지. 첫 번째 그림에서는 세 살 아이가 마트에
서 장난감을 사 주지 않는 엄마에게 매달리고 있네. 만약 그림
속 아이가 '아' 다음에 욕을 한다고 생각해 봐. 너무 충격적이
지. 다섯 살, 여덟 살 아이가 욕하는 모습도 마찬가지야. '어린
아이가 왜 욕을 저렇게 하는 거지'라는 생각이 들 거야. 열세 살
쯤 되면 욕을 배우게 되는 듯해. 그래도 많이들 쓰진 않지. 재
미있는 건 청소년이 되면서 욕을 하는 친구가 많아지고, 그렇게
끼리끼리 모인 자리에서 욕설이 들려도 크게 거부감은 없어. 주

여덟 살, 지금 막 정리했는데
동생이 또 어지럽혔다.

열세 살, 친구 때문에
휴대 전화를 떨어뜨렸다.

변에서 쉽게 볼 수 있어서 익숙해진 것이 아닐까?

그러면 이제 우리의 어린 시절을 떠올려 보자. 너, 세 살 때 욕을 했을 것 같아? 절대 아닐걸! 텔레비전에서 어쩌다 사람들이 욕하는 장면이 나와서 네가 따라 하기라도 하면, 가족들은 기겁을 해서 "그런 말은 하면 안 돼"라고 타이르곤 했지. 어쩌면 넌 그게 무슨 뜻이냐고 되물어 어른들을 당황하게 만들었을지도 몰라. "아빠, 씨발새끼가 뭐야?"라고 천진난만하게 말이지.

그렇게 어린이집과 유치원을 다니면서 친구도 생기고, 가위바위보가 능숙해질 무렵에는 초등학교에 가지. 설레는 마음으

열다섯 살,
친구가 나에게 욕을 했다.

열여덟 살,
친구가 내 희망 직업을 비웃었다.

로 새로운 친구들과 수줍게 서로 자기소개를 하고 친하게 지내
자고 약속했지. 친구에게 밝게 인사하고 다정하게 말하며 하루
하루를 보냈을 거야. 이렇게 또래를 만나면서 삶에 큰 변화가
일어나. 그 나이에 맞는 또래 문화를 받아들이게 되거든.

그렇게 친했던 친구들과 한 해 한 해를 보내면서 제법 키가
커진 만큼 아는 것도 많아졌어. 대통령에서 과학자로, 아이돌
에서 개인 방송 크리에이터로 매일 꿈이 바뀌던 시절도 있었지
만, 이제 영어 공부와 수학 공부에 치이고 살면서 꿈을 이루는
길이 쉽지만은 않다는 것도 알게 됐지. 마냥 해맑기만 하던 친

구들도 까칠한 표정을 자주 짓고, 친구 사이의 일에도 민감해졌지.

친구들과 어울리는 시간이 많아지면서 함께 익힌 말들도 많아졌어. 대략 사춘기가 시작될 때쯤부터 욕이 또래 문화로 나타나는 것 같아. 자유자재로 욕을 섞어 가며 이야기를 하는 친구들이 무섭기도 하지만 때론 부럽기도 했어. 즐겨 보는 개인 방송에서 들은 욕도 따라 하고, 친구들과 이야기할 때 그 친구가 말하는 욕도 따라 해 보니 어느새 입이 욕에 붙었어.

우리는 모두 처음부터 욕쟁이가 아니었어. 조금씩 천천히 변했던 거지. 앞으로도 욕이 아니면 말이 이어지지 않고, 감정을 표현하지 못하는 생활을 해야 할까? '좋다', '싫다', '기쁘다', '슬프다' 등 다양한 감정을 그저 욕으로 표현하는 단순한 언어 습관을 고쳐야 하지는 않을까?

이제부터는 감정 표현이 풍부하고 순수했던 시절의 나로 조금씩 돌아가 보면 어때? 활짝 웃으며 행복감을 표현하고, 속상한 표정으로 슬픔을 드러내고, 멋진 사람의 필수 요건은 욕이 아니라 마음에 있다는 사실을 알았던 그때로! 친구가 속상해하지 않을 만큼 장난치던 그때로 말이야.

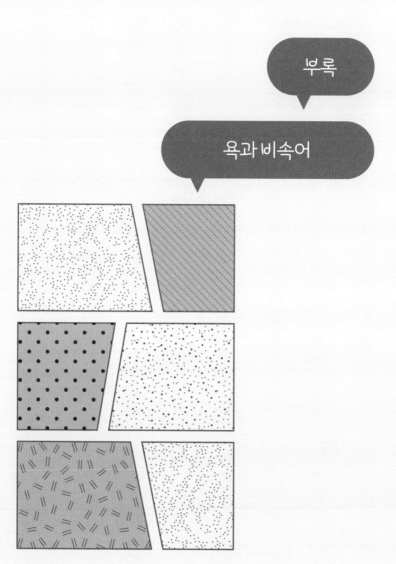

부록

욕과 비속어

우리가 쓰는 비속한 말은 과연 어디에서 왔을까?

욕을 할 때와 들을 때의 마음을 들여다보니, 이젠 정말 욕을 멀리해야겠다는 생각이 들지? 욕을 멀리하는 좋은 방법 하나! 바로 욕이 어디에서 왔는지를 이해하는 거야. 말이 처음 생겨난 유래를 '어원'이라고 하잖아. 여기서는 욕과 비속어의 뜻, 그리고 어원을 이야기하려고 해.

욕과 비속어의 뜻과 유래를 알게 되면 욕 때문에 느꼈던 찝찝한 감정들을 더 잘 이해할 수 있을 거야. 어떤 말은 어원을 알고 나면 아마 깜짝 놀랄 수도 있어. 너무나 안 좋은 뜻을 가지고 있거든. 뜻과 어원을 살펴보면서 욕과 점점 멀어졌으면 해. 처음부터 꼼꼼이 봐도 되고, 궁금한 말부터 찾아봐도 돼. 가장 중요한 건 욕과 멀어지겠다는 의지야. 마음의 준비가 됐으면 이제 시작해 볼까?

다음에 나오는 욕이나 비속어는 일상에서 쓰지 않아야 하는 말이야. 특히 어른 앞이나 공식적인 자리에서는 더더욱 조심해야 한다는 사실! 꼭 기억해.

간땡이

'간땡이'는 '간'을 속되게 이르는 말로 '간덩이'로도 쓰인다. '간땡이가 붓다'는 지나치게 대범하거나 대담하게 어떤 일을 할 때 속되게 이르는 관용 표현이다. 본디 '간'은 마음의 중심이라고 하여 소심한 사람을 '간이 작다'고, 겁이 없는 사람을 '간이 크다'고 표현해 왔다. 그래서 두려움이 없이 보통의 수준을 넘어서는 행동을 할 때 부정적인 어감을 담아 쓰인다.

깝치다

'깝치다'는 사람의 말이나 행동이 경망스럽고 방정맞을 때, 또는 그렇게 까불며 잘난 체할 때 쓰는 속된 말이다. 바른 표기는 '깝죽거리다'이다.

개

'개'는 '개살구', '개떡'처럼 질이 떨어지는 사물임을 강조하거나 '개꿈', '개죽음'처럼 헛되거나 쓸데없는 일을 뜻한다. 특히 '개꼴', '개망신', '개수작', '개망나니'처럼 정도가 심하거나 엉망진창인 것을 나타낼 때도 널리 쓰인다. 특정한 상태를 강조할 때 '개맛없다', '개싫다'와 같이 부정적인 느낌을 말하기도 하지만,

'개꿀', '개존잘', '개맛있다', '개좋다'처럼 긍정적인 느낌을 표현하는 데도 확장되어 쓰이고 있다. 예를 들어, '개쩔다'는 어떤 대상이나 상태가 아주 좋거나 놀랐을 때에도 쓰인다.

개기다

'개기다'는 어떤 사람이 다른 사람의 지시나 명령 따위에 순순히 따르지 않고 버티거나 반항할 때 쓰는 말이다. 본래 '개개다'에서 온 말로, 뭔가가 자꾸 맞닿아 마찰이 일어나면서 표면이 닳거나 벗겨진다는 의미로 쓰이다가 사람이 성가시게 달라붙어 손해를 끼친다는 의미로 확장되었다. 특히 아랫사람이 옆에서 깐죽거리며 괴롭히는 상황을 '개기다'로 쓰게 된 것이다.

개떡같다

'개떡'은 노깨나 나깨, 보릿겨 등을 반죽하여 둥글넓적하게 아무렇게나 빚어서 찐 떡을 말한다. 그러다 보니 겉모습이 그렇게 먹음직지 않으며 그 맛도 찰지거나 달큼하기 어렵다. 그래서 나쁘거나 마음에 들지 않는 것을 빗댈 때에도 쓰인다. '개떡같다'는 무엇이 하찮거나 마음에 들지 않을 때 쓰는 비속한 말이다.

개말종

'말종末種'은 맨 마지막 종이라는 뜻으로, 행실이 아주 나쁜 사람을 비유적으로 이르는 말이다. '말종'에 '개'를 합친 '개말종'은 행실과 품성이 사람답지 못한 사람을 욕할 때 쓰인다.

개새끼

'개새끼'는 어린 개, 즉 강아지를 이르는 말이 아니다. 사람을 개의 새끼에 빗대어 욕하는 말이다. '개자식'도 같은 의미의 욕이다. 개와 같은 동물은 근친상간에 대한 윤리 의식이 없다. 그래서 근친 사이에 태어난 개의 새끼라는 뜻으로 그 사람을 욕보이는 것이다.

거지

남에게 빌어먹고 사는 사람을 '거지'라고 한다. 차림새가 허름하고 깨끗하지 못하다 보니 조롱의 대상이 되어 다른 사람을 욕할 때도 쓰이고 있다. 특히 특정한 말에 '거지'를 넣어서 누군가를 욕하여 이르는 말로 쓰인다. '벼락거지'는 갑자기 거지처럼 돈을 잃거나 돈이 없는 사람을 가리키기도 한다.

거지같다

'거지같다'는 어떤 대상이나 상황이 보잘것없고 시시하여 달갑지 않을 때 쓰인다. 한편으로는 성질이나 행동이 거칠고 교양이 없는 사람을 업신여기며 욕할 때 쓰는 말이다. 주로 '거지같은'의 꼴로 쓰인다.

꼬붕

'꼬붕'은 부하를 뜻하는 일본어 '고분子分'에서 온 말이다. 무리 안에서 자신보다 직책이나 책임이 낮은 사람, 특히 허드렛일을 해 주는 사람을 가리켜 속되게 이르는 말이다.

꼴값

'꼴값'은 '얼굴값'을 속되게 이르는 말이다. '꼴값을 떨다'는 격에 맞지 않는 아니꼬운 행동을 할 때 쓰는 관용 표현이다. 본래 '꼴'은 형체나 모습을 뜻하는 순우리말이다. 삼각형은 세모꼴, 사각형은 네모꼴을 말한다. 그러나 '이 꼴 저 꼴 보기 싫다', '그 꼴로 어디를 가니', '나라 망하는 꼴' 등 사람의 모양새나 행색, 어떤 형편이나 처지를 낮잡아 이르는 속된 어감의 용법이 워낙 강해진 탓에 본래의 의미가 퇴색되고 있다.

꼽사리

'꼽사리'는 남이 노는 판에 거저 끼어드는 일을 말한다. '꼽사리'는 '곱倍＋살＋－이'에서 온 말로 볼 수 있다. 여기에서 '살'은 노름판에서 걸어 놓은 몫에 덧붙여 더 거는 돈을 말한다. 그러므로 '곱살'은 노름을 할 때 밑천이 넉넉하지 않거나 내키지 않아서 미처 끼어들지 못하고 있다가, 패가 좋은 것이 나올 때 '살'을 건 데다 또 '살'을 더 거는 것을 말한다. 본래는 '곱살 끼다'와 같은 형식에서 '곱살이 끼다'로 되었다가 '꼽사리 끼다'로 변화했다.

꼽주다

'꼽주다'는 다른 사람을 은근히 무시하고 눈치 주는 행위를 속되게 이르는 말이다. '창피하게 하다', '부끄럽게 하다'라는 말로 순화해서 표현할 수 있다. 반대로 무시를 당하거나 면박을 당할 때 '꼽먹다'라는 속된 표현도 쓰인다.

구라

'구라'는 '거짓'이나 '가짜', '거짓말'을 속되게 이르는 말이다. '구라를 치다'는 거짓말을 하는 행위를 말한다. 속인다는 뜻

의 일본어 '구라마스晦ます'에서 왔다는 의견이 있다.

날라리

'날라리'는 언행이 어설프고 들떠서 미덥지 못한 사람을 얕잡아 이르기도 하고, 일 없이 그저 노는 데만 열심인 사람을 속되게 이르는 말이다. 본래 나팔 모양의 관악기인 '태평소'를 이르다가, 그것을 연주하는 사람을 낮잡아 이르게 되면서 의미가 변했다.

닥치다

'닥치다'는 다른 사람에게 명령조로 입을 다물어 말을 그치라는 뜻을 강하게 나타내는 속된 어감의 말이다.

뒈지다

'뒈지다'는 '죽다'를 비속하게 이르는 말이다. '뒈지다'는 '뒈어지다'가 줄어든 말로, '뒤집어지다'와 의미가 닿아 있다. 즉, 동물이 죽을 때 배를 드러내고 뒤집어지는 데서 '죽다'의 의미를 비속하게 나타내게 된 것으로 보인다.

뒷다마, 뒷담화

'뒷다마'는 당구를 칠 때 '뒷다마를 깐다'는 표현으로 주로 쓰인다. '다마たま'는 '구슬', '공'을 뜻하는 일본어로 공을 정면으로 맞추지 않고 다른 곳을 맞추고 돌아와서 뒤쪽을 맞추는 것을 말한다. 이러한 의미가 당사자 앞에서 말하지 않고 뒤에서 험담한다는 뜻으로 확장되었다. 한자어와 결합시킨 '뒷담화談話'로 해석하여 쓰기도 한다. 일상에서는 '뒷담하다, 뒷담까다' 등으로 쓰인다. 한편으로는 '속이다'는 뜻의 일본어 '다마스騙す'에서 왔다는 의견도 있다.

등신

'등신等神'은 본래 쇠, 돌, 풀, 나무, 흙 등으로 만든 사람의 형상을 가리키는 말이었다. 그 형상은 사람의 모습을 하였으나 아무런 말도, 행동도, 생각도 못하기에 아둔하고 어리석은 사람을 가리키는 의미로 확대되었다.

땡땡이

수업 시간이나 작업 시간에 해야 할 일을 하지 않고 감독자의 눈을 피해 게으름을 피우거나 노는 일을 속되게 이르는 말이다. '종'을 속되게 이르는 말에서 유래했다고 추정하기도 한다. 즉, 열심히 하지 않고 잔뜩 게으름을 피우다가 정작 일이 끝날 때 나타나 수업 종이나 작업 종을 치는 어처구니없는 짓을 가리키는 데서 유래했다고 보는 것이다.

또라이

'또라이'는 상식에서 벗어나는 사고방식과 생활 방식을 가지고 자기 멋대로 하는 사람을 속되게 이르는 말이다. '돌'과 '아이'가 결합한 '돌아이'를 강하게 발음하면서 굳어진 표현이다.

띠껍다

'띠껍다'는 상대의 언행이나 태도가 마음에 들지 않을 때 쓰는 말이다. '더럽다'의 평북 방언 '티껍다' 또는 '아니꼽다'는 뜻의 전라 방언에서 온 것으로 보인다. 다른 사람의 말이나 행동이 눈에 거슬려 불쾌해지는 상황에서 쓰인다.

머저리

'머저리'는 말이나 행동이 다부지지 못하고 어리석은 사람을 얕잡아 이르는 말이다.

미친

'미친'은 '미치다'의 관형형이지만, 속된 느낌의 감탄사로 쓰인다. 긍정적, 부정적 상황 모두에서 쓰이며 감정과 상황을 강조할 때 쓰인다. 뒤에 '놈, 년, 것, 자식' 등을 붙여 욕으로 쓰기도 한다.

막장

'막장'은 '끝장'을 속되게 이르는 말이다. 더 나아갈 수 없는 막다른 상태를 뜻하다가 실패가 된 일이나 파탄이 날 상황을 이를 때도 쓰이게 되었다. 탄광에서 광물을 캐도록 만든 길의 막다른 끝을 '막장'이라고 한 데서 유래했다는 의견도 있다. 상식적으로 이해하기 어려운 상황을 논리도 없이 풀어낸 드라마를 '막장 드라마'라고 한다.

병맛

'병맛'은 '병신 같은 맛'을 줄여 이르는 말이다. 어떤 대상에 대해 상황이나 맥락이 없을 때, 또는 재미가 없거나 수준이 형편없을 때 조롱하는 뜻으로 쓰인다.

병신

'병신病身'은 말 그대로 '병든 몸'을 가리키는 말이었다. 1947년에 조선어학회가 편찬한 《큰사전》에는 '병든 몸'이라고 풀이되어 있다. 당시에는 몸이 아픈 사람을 이르는 표현이었던 것이다. 그러나 지금은 장애를 가진 사람을 낮춰 이르거나 모자라는 행동을 하는 사람을 욕할 때 쓰이고 있다.

빌어먹을

'빌어먹을'은 일이 뜻대로 되지 않거나, 속이 상하거나, 화가 날 때 하는 말이다. 본래 '빌어먹을'은 뒤에 '놈, 년, 것, 자식' 등을 꾸며서 '구차하게 구걸이나 해서 먹고 살 사람'이라는 뜻으로 남을 욕할 때 쓰인다.

빠순이, 빠돌이

'빠순이, 빠돌이'는 운동선수나 연예인 등 유명인을 좋아하고 쫓아다니는 사람을 얕잡아 이르는 말이다. 특히 아이돌을 맹목적으로 따르는 행동에 대해 부정적인 어감을 강하게 드러낸다.

빡세다

'빡세다'는 '세다'의 강원도 방언이다. 한편으로는 힘들고 어렵다는 뜻의 경상도 방언 '빡시다'에서 유래했다는 의견도 있다. 이 말은 하는 일이 힘들고 고될 때 그 상황을 속되게 표현하는 말로 널리 쓰이고 있다.

빡치다, 빡돌다

'빡치다'는 화가 나거나 짜증이 나는 경우를 속되게 이르는 말이다. '빡'은 이마를 속되게 이르는 '마빡'을 줄여 이르는 말로, 이마를 칠 정도로 화가 난 상태를 말한다. 비슷한 표현으로 '빡돌다'도 있다.

뽀대 나다, 간지 나다

'뽀대'는 겉으로 드러내는 멋이나 형태 따위를 속되게 이르는 말로, '본때'에서 유래했다는 의견이 있다. '본때를 보이다'처럼 쓰이는 '본때'는 맵시나 모양새를 뜻한다. 즉 맵시가 난다는 의미에서 뽀대가 난다는 말과 상통한다. 이와 유사한 표현으로 '간지 나다'가 있는데, '간지'는 '느낌感'을 뜻하는 일본어 '간지感じ'에서 온 말로 '멋'이나 '맵시'를 속되게 이르는 말이다.

상놈

조선 중기 이후에 평민을 '상인常人', '상사람'이라고 일컬었다. 벼슬이 없던 일반인을 보통 '상인'이라고 부르다가, 그를 낮잡아 이를 때 '놈'이나 '년'을 붙여서 '상놈', '상년'이라고 가리키거나 불렀던 것이다. 구어로 강하게 표현할 때 '쌍놈', '쌍년'처럼 된소리로 발화한다. 이를 줄여서 '쌍'이라는 짧은 욕으로 바뀌었다.

새끼

'새끼'는 본래 어린 짐승을 말한다. 사람을 짐승의 새끼에 비유하여 남을 비하할 때 널리 쓰이는 욕이다. 다른 말 뒤에 붙어 여러 형태의 욕으로 쓰이기도 한다.

선빵

'선빵'은 싸움 등을 할 때 상대를 먼저 공격하는 행위인 '선제공격'을 속되게 이르는 말이다. '선빵을 날리다', '선빵을 까다', '선빵을 갈기다'로 쓰인다.

시다

'시다'는 '시다바리'가 준 말로, 일본어 '시타바리下張り'에서 온 말이다. 본래 정식으로 도배를 하기 전에 애벌로 바르는 밑 종이, 또는 밑종이를 붙이는 일을 뜻했다. 주로 남의 밑에서 일을 거들거나 허드렛일을 하는 사람을 속되게 이른다.

싸가지

'싸가지'는 고유어 '싹'에 접미사 '-아지'가 결합한 말이다. 여기서 '-아지'는 '강아지, 송아지, 망아지'의 '-아지'와 동일하다. 본래 싸가지는 '싹수'의 강원, 전남 방언이다. '싹수'는 바로 식물의 씨앗에서 가장 먼저 트이는 잎을 말하는데, 앞으로 성공하거나 잘될 것 같은 낌새나 징조를 나타내는 의미로도 쓰인다. 그래서 '싹수가 있다', '싹수가 없다', '싹수를 보이다' 등으로 쓰인다. '싹수'는 그리 부정적인 말이 아니었는데, '싸가지'로 쓰이면서 사람에 대한 배려나 예의, 또는 그런 배려나 예의가 없는 사람을 부정적으로 가리키는 말로 쓰인다.

쌩까다

'쌩까다'는 '생까다'에서 온 말로 구어에서 강하게 발음하면서 굳어진 말로 보인다. 상대방의 말이나 행동을 고의로 무시하거나 모르는 척할 때 쓰이는 속된 말이다. 국립국어원의 〈우리말샘〉에는 '생까다'의 '생'을 '生'으로 보았는데, 이 말이 부사 '생으로'에서 온 것으로 짐작할 수 있다. '생으로 고생을 하다'처럼 '아무런 처치나 도움이 없이'라는 뜻이 있고, '생으로 이별을 하다'처럼 '그럴 만한 상황이 되지 않는데도 무리하게'라는 뜻이 있다. 실제로는 다른 사람을 무시하거나 모르는 척하는 수준을 넘어서서 절교하거나 절연하는 상황에도 쓰인다.

씨발, 씨팔

본래 '씨팔'은 '씨팔놈'이 줄어든 말이다. '씨팔놈'은 '씹을 할 놈'이라는 말이 변한 것인데, 이때 '씹'은 여성의 성기를, '씹하다'는 성관계를 비속하게 이르는 말이다. 본디 자신의 어머니와 씹을 할 정도로 나쁜 사람임을 강하게 욕하는 말이다. '씨발'은 '씨팔'이 변한 말이다.

씹다

'씹다'는 말 그대로 음식물 따위를 입에 넣고 이로 깨물어 잘게 자르거나 가는 행위를 말한다. 또한 다른 사람이 한 말의 뜻을 곰곰이 여러 번 생각할 때도 쓰인다. '씹다'는 부정적으로도 널리 쓰인다. 다른 사람을 헐뜯을 때, 의도적으로 꼬집거나 공개적으로 비난할 때이다. 안주 삼아 미운 사람을 '씹는다'고 말하는 것이다. 나아가 다른 사람의 말이나 연락에 답하지 않고 무시할 때도 쓰인다. '전화를 씹다', '문자를 씹다'처럼 일상에서 속된 어감을 실어서 사용된다.

씹선비

'씹선비'는 욕인 '씹'과 '선비'가 결합한 말이다. '선비'는 학식이 있고, 행동과 예절이 바르며, 의리와 원칙을 지키는 인품을 가진 사람을 가리킨다. 그러나 '씹선비'는 지나치게 예의를 차리거나 남을 가르치려고 드는 사람을 부정적으로 이르는 말이다.

아가리를 놀리다, 주둥이를 놀리다

말을 함부로 하는 것을 두고 속되게 이르는 말이다. '아가리'는 병이나 자루에 있는 구멍의 입구 또는 굴이나 천막, 하수구의 드나드는 어귀를 말한다. 물건이나 장소의 입구를 가리키는 말에서 사람의 입을 속되게 이르는 말로 의미가 확장

되었다. '주둥이'는 짐승이나 물고기의 입 주위 부분을 이르는 말인데, 역시 사람의 입을 속되게 이른다. '나발을 불다'나 '입 방정을 떨다'도 말을 함부로 가볍게 하는 것을 속되게 이르는 말이다.

양아치

'-아치'는 어떤 속성을 가진 사람을 뜻하는 말로 '벼슬아치, 장사아치'와 같은 말에서 확인된다. '양아치'는 남에게 돈이나 물건을 거저 달라고 구걸하던 '동냥아치'가 줄어든 말이다. 스스로 일하지 않고 남에게 빌어먹는 행태에서 빈둥거리는 사람을 일컫기도 하고, 언행이 천박하고 못된 짓을 일삼는 사람을 속되게 이르기도 한다.

얼간이

'얼간이'는 똑똑하지 못하고 좀 모자라는 사람을 속되게 이르는 말로 '얼간에 접미사 '-이'가 결합한 말이다. 본래 '얼간'은 간이 덜된 것이나 소금에 대충 버무린 것을 뜻하는 말이다. 의미가 변하여 '싱거운 사람, 덜떨어진 사람'이라는 비유적인 의미로 확대되었다.

얼탱이가 없다

　어떤 상황을 이해할 수 없을 때 쓰는 말이다. '어처구니가 없다', '어이가 없다'와 같은 의미이다. '얼탱이'는 정신을 뜻하는 우리말 '얼'에 '-탱이'가 결합한 말이다. '-탱이'는 '맛탱이'처럼 앞에 오는 말을 속되게 하는 어감을 준다.

에바

　'에바'는 청소년들 사이에서 어떤 행동을 정도를 넘어서 지나치게 할 때 쓰는 말이다. '에바'의 어원으로는 골프에서 파5 홀에서 4오버파를 하는 굉장히 낮은 기록일 때 사용한 '에바'에서 왔다는 설, '에러error'와 '오버over'의 혼성어라는 설, '오버'의 발음을 비틀었다는 설 등이 있다.

염병할

　'염병할'은 '염병을 앓을'의 뜻으로, 매우 못마땅할 때 쓰는 말이다. '염병染病'은 '장질부사', 즉 '장티푸스'를 속되게 이르는 말이다. 이는 티푸스균이 장腸에 들어가 일으키는 급성 전염병으로 고열과 설사를 동반하는데, 예전에는 많은 사람을 죽게 만드는 무서운 병이었다. 본래 '염병할 놈/년/사람'의 뜻을 가리키던 말이 뒷말을 생략하고 '염병할'의 형태로만 쓰여 사람을 저주하는 욕으로 쓰이게 된 것이다. '염병'만으로 쓰기도 한다.

엿 먹어라

'엿 먹어라', '엿 먹을 놈'은 상대할 수 없을 정도로 나쁜 짓을 한 사람, 남을 몰래 속여 큰 피해나 고통을 준 사람을 욕할 때 쓰는 말이다. '엿 먹어라'는 남을 슬쩍 골리거나 몰래 속여 넘겼을 때도 쓰인다. '엿 먹다'에 대한 유래는 여러 가지가 있으나 정설로 알려진 것은 없다. '엿 먹다'와 관련된 속담에서도 그 의미를 유추할 수 있다. '장옷 쓰고 엿 먹기', '포선布扇 뒤에서 엿 먹기'를 보면 겉으로는 점잖은 척하지만 남몰래 못된 짓이나 바르지 못한 행동을 하는 것을 엿을 먹는 것에 비유하고 있다. 그래서 저도 모르는 사이에 나쁜 일을 당하라는 뜻으로 '엿 먹어라'를 쓰는 것으로 볼 수 있다. 다른 사람을 골려 주거나 속여 넘길 때 '엿 먹이다'로 쓴다.

우라질

'우라질'은 미워하는 대상이나 못마땅한 일에 대해 비난하거나 불평할 때 욕으로 하는 감탄사이다. '우라질'은 '오라질'에서 온 말로 '오라를 질 놈'이라는 말에서 왔다. 바로 '포승줄인 오라에 묶여 잡혀갈 놈'이란 뜻으로, 고약하고 몹쓸 사람을 말한다.

정병

'정병'은 '정신병精神病'을 줄여서 이르는 말이다. '정신병'은 의학 용어로서, 정신의 장애나 이상으로 말이나 행동이 병적인 상태를 말한다. 실제로 병을 앓는 사람과 무관하게 그런 병을 앓는 것처럼 이상하다고 놀리거나, 자신이 그런 상태에 있을 때를 속되게 이르는 말이다. 주로 '정병에 걸리다'로 쓰인다.

제기랄, 제길

'제기랄'은 못마땅하여 불쾌할 때 욕으로 하는 말인데, '제기랄놈'에서 줄어든 말이다. 본래 '제기랄놈'은 제 아기와 할 놈이라는 뜻으로 천하의 패륜적인 사람을 의미하는 욕이다. '제기랄'은 혼자 내뱉는 욕이지만, 그 본래 뜻은 입에 담기 어려울 만큼 저속하다. 줄여서 '제길'이라고도 한다.

젠장

'젠장'은 뜻대로 되지 않아서 불만스러울 때 혼자 욕으로 하는 말이다. '젠장'은 '제기랄, 난장을 맞을'의 의미로, 이때 '난장亂杖'은 신체를 마구 매로 치던 고문을 말한다. 주로 어떤 상황이나 대상이 못마땅하거나 실망스러울 때 사용한다. '젠장맞을'로도 쓰인다.

존나, 졸라

'존나', '졸라'는 '좆나게'가 줄어든 말이다. '좆'은 남성의 성기를 비속하게 이르는 말로 마음대로 되지 않거나 상황이 뜻에 맞지 않을 때 '좆같다'라는 욕을 쓰기도 한다. 욕으로 쓰이는 '좆나게'가 '존나게'로 바뀌면서 '존나'로 줄었고, 발음의 변화가 일어나 '졸라'가 되었다. 소리와 형태가 바뀌면서 본래의 욕된 어감이 줄어들어 최근에는 '존나 잘생기다'의 의미로 '존잘', '존나 버티다'의 의미로 '존버' 등으로도 쓰이고 있다.

지랄

'지랄'은 이전에 간질이라 부르던 뇌전증 환자가 보이는 외적 증세를 속되게 이르는 말이다. 즉, 갑자기 부르르 떨며 거품을 물면서 경련을 일으키거나 의식을 잃고 쓰러지는 병증을 가리켰다. 여기서 의미가 확장되어 어떤 사람이 야단법석을 떨거나 분별없이 하는 행동을 욕하여 이른다. '지랄하다', '지랄지랄하다', '지랄발광하다', '개지랄' 등으로도 쓰인다. 이 표현 대신 '난리를 피우다', '난리를 떨다'로 쓸 수 있다.

쩔다

'쩔다'는 동사 '절다'를 구어에서 강하게 발음하면서 굳어진 말이다. 보통 배추가 소금에 저는 것이나 온몸이 땀에 저는 것처럼 기름이나 땀과 같은 물질이 묻어서 찌든 상태를 말한다. 또한 사람이 술에 저는 것처럼 술이나 담배, 마약과 같은 독한 기운에 영향을 받은 때도 쓰인다. 그 외에도 어떤 대상에 흠뻑 빠지게 될 때나 어떤 대상이 출중한 능력이나 두드러진 상태를 보일 때도 쓰인다. 강조의 의미가 담긴 '개'와 결합하여 '개쩔다'로도 쓰인다.

쪽팔리다

'쪽팔리다'는 부끄러워 체면이 깎이는 상황에 쓰는 속된 말이다. '쪽'은 '얼굴'을 속되게 이르는 말로, 수치스러운 상황에

처한 자신을 남들이 다 보게 될 때 자신의 얼굴이 남에게 팔린다고 표현한 것이다.

쫄다

'쫄다'는 위협적이거나 압도하는 대상 앞에서 겁을 먹거나, 기를 펴지 못하는 상태를 뜻하는 '졸다'를 구어에서 강하게 표현할 때 쓰이는 말이다. 속된 어감이 강한 말이다.

찌질이

'찌질이'는 보잘것없고 변변치 못한 사람을 속되게 이르는 말이다. '찌질하다'에서 나온 말인데, '찌질하다'는 '보잘것없고 변변치 못하다'를 뜻하는 형용사 '지질하다'를 구어에서 강하게 표현한 말이다.

찐따

'찐따'는 행동이 어수룩하거나 남과 잘 어울리지 못하는 사람을 욕하여 이르는 말이다. '절름발이'를 가리키는 전북 지방의 방언이라고 사전에 제시되어 있다. 절름발이를 가리키는 일본어 '친바跛'에서 왔다고 보는 의견도 있다. 양쪽 다리의 길이가 달라 절룩거리는 사람을 비하하여 이르던 데서 언행이 덜떨어진 사람에게까지 확대하여 쓰이게 된 것으로 보인다. 최근에는 '대중문화에 대해 잘 모르는 사람'을 가리키는 '문찐문화 찐따'과 같은 말도 등장하였다.

처먹다

본래 '처먹다'는 음식을 욕심 사납게 마구 먹을 때 쓰는 말인데, 의미가 확대되어 단순히 음식을 '먹다'로 표현할 것을 '처먹다'로 표현함으로써 속된 어감을 강조한다. '처먹다'의 '처-'는 무엇을 마구, 많이, 몰아서 하는 행위를 강조하는 접두사이다. '처자다', '처넣다', '처바르다'는 '자다', '넣다', '바르다'보다 비속한 느낌이 강하다.

호구

'호구'는 호랑이의 아가리라는 뜻의 한자 '虎口'에서 온 말이다. 본래 바둑돌 석 점이 둘러싸고 한쪽만이 트인 그 속을 뜻하는데, 그 모양이 마치 호랑이가 입을 벌리고 있는 모습과 비슷하다는 데서 유래했다. 즉 호구 안에 상대의 돌이 들어올 경우 한 수만 더 놓으면 그 돌을 따낼 수 있다. 그래서 호구를 잡게 되면 바로 상대의 돌을 딸 수 있게 되므로 호구 안에 들어온 돌은 잡아먹히는 신세가 되는 것이다. 일상생활에서는 어수룩하고 순진해서 이용하기 좋은 사람을 비유적으로 이른다. 최근에는 호구와 발음이 비슷한 '흑우'로 표현하기도 한다.

환장하다

'환장하다'의 '환장 換腸'은 몸속의 장, 즉 창자를 바꾼다는 뜻으로 갑작스럽게 큰일을 당하게 될 때 마음이나 행동이 정상이 아닌 상태가 되는 것을 말한다. 좋은 상황이나 나쁜 상황에서 모두 쓸 수 있다. 예를 들어 "나는 아이돌 ○○만 생각해도 좋아서 환장하겠어", "친구의 교통사고 소식에 환장해서 병원으로 달려갔지" 등이 그렇다. 다른 하나는 어떤 것에 지나치게 집착하거나 집중해서 정신을 못 차리는 상태가 되는 것을 속되게 이르는 말이다. '돈에 환장하다', '게임에 환장하다'와 같은 예를 들 수 있다.

후지다

'후지다'는 물건의 품질이나 성능이 다른 것에 비해 뒤떨어질 때, 또는 사람의 언행이나 태도가 기본적인 수준에 미치지 못할 때 이르는 말로, 속된 어감을 갖는다. 공적인 상황에서는 '품질이 떨어지다', '언행이 부적절하다' 등으로 표현하는 것이 적절하다.

일러스트레이터
안희경

제 그림을 보고 모두 편하게 쉬고 가시길 바라는 마음으로 "편히"
라는 작가명으로 활동하고 있습니다. 책의 삽화, SNS 콘텐츠 등
다양한 분야의 일러스트 작업을 하고 있습니다.

욕 대신 말

초판 1쇄 | 2022년 11월 10일
초판 6쇄 | 2023년 11월 28일

지은이 | 도원영, 장선우, 선평원, 서한솔
펴낸이 | 정은영
책임편집 | 박지혜
표지 디자인 | 디자인붐
본문 디자인 | 홍선우, 최은숙
일러스트 | 안희경

펴낸곳 | 마리북스
출판등록 | 제2019-000292호
주소 | (04037) 서울시 마포구 양화로 59 화승리버스텔 503호
전화 | 02)336-0729, 0730
팩스 | 070)7610-2870
홈페이지 | www.maribooks.com
Email | mari@maribooks.com
인쇄 | ㈜신우인쇄

ISBN 979-11-89943-84-4 (43700)